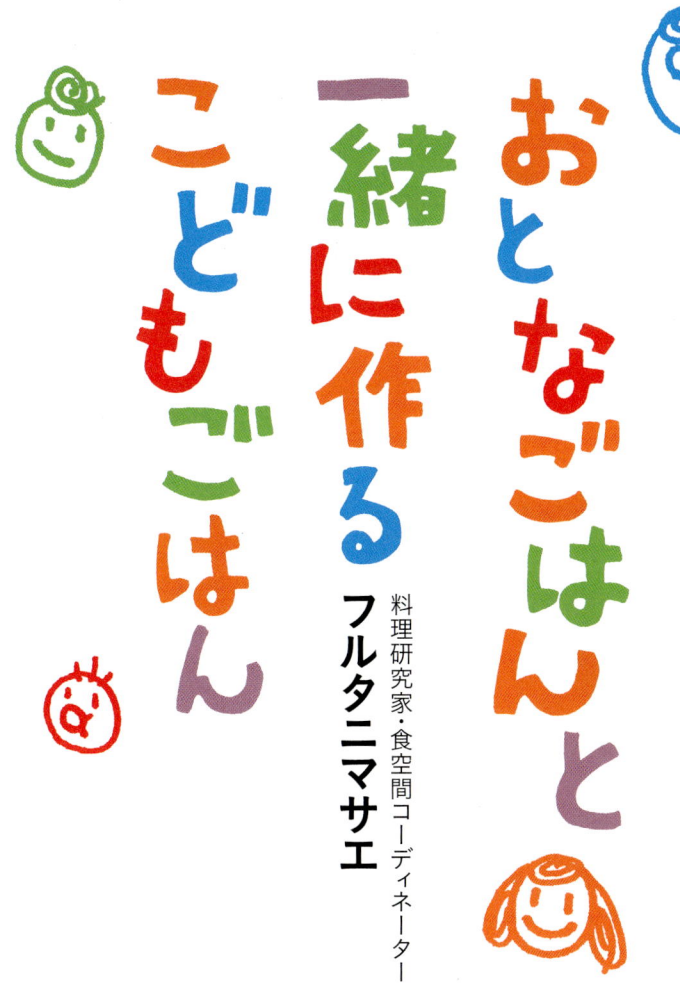

おとなごはんと一緒に作るこどもごはん

料理研究家・食空間コーディネーター
フルタニマサエ

日東書院

もくじ

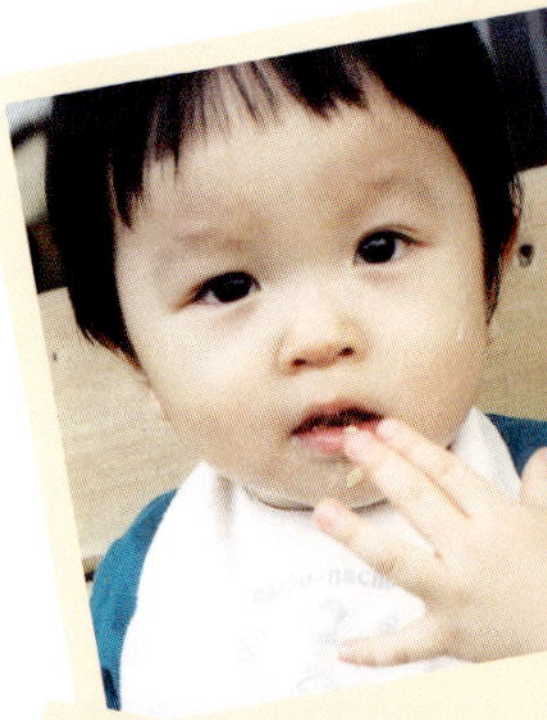

contents

本書の読み方

人数の目安と材料の目安

材料

2章、3章と5章の「保存食から作る副菜メニュー」は基本的に、

大人②人 ＋ 子供①人

4章の「お友だちと食べるワイワイランチ」と「みんなで楽しむかわいい行事食」は、

大人②人 ＋ 子供②人

4章の「一緒に作るおやつメニュー」、5章の「すぐ食べられる！ 冷凍メニュー」は、

作りやすい分量

6章は作りやすい分量で出しています。子どもの調子に合わせて必要量を食べさせてあげてください。

※子どもの顔アイコンは、子ども用の味つけ（タレなど）の材料を示しています。

レシピタイトル

作り分けのポイント

緑色マーカー

ページによっては、大人レシピの中に子どもレシピが組み込まれています。子ども用を調理する箇所は、緑色のマーカーで示しています（黄色マーカー：おやつレシピに引かれた黄色マーカーは、子どもがお手伝いできるポイントを示しています。子どもに調理をお願いしてみましょう）。

つくりかた

本書では大人ごはんと一緒に作る子どもごはん（2～3歳）を基本としています。大人用は赤枠の手順に従って作ります。子ども用は、赤枠から派生している緑枠のレシピです。大人用を作る流れの中に、子ども用の調理を挟み、料理を進めていきます。大人1人分の約半量が子ども1人分となります。

1歳さん

離乳食完了期から2歳になるまで（奥歯が生えそろってくるまで）の子ども向けアレンジです。分量は2～3歳の仕上がり量の10％減らした程度を目安としてください。

本書のレシピについて

計量は1カップ＝200mℓ、大さじ1＝15mℓ、小さじ1＝5mℓです。電子レンジの加熱時間は、600Wを基準としています。特に表記のない限り「バター」は有塩です。

鶏ガラスープは、150ccの水に対して、小さじ1/2の鶏ガラスープの素を溶いたものを使っています。

分量について
子どもの発育には個人差があります。1歳といっても、1歳になりたての子どもと2歳間近の子どもでは大きく異なります。それは2歳にも、3歳にもいえることです。一概に◯歳だからこのかたさ、この分量は食べられるはずと思わず、子どもの発育をよく見て、その子の成長度合い、ペースを尊重する食事のとり方をしてください。

調理の際は衛生面に十分気をつけて、調理しましょう。

第1章

体と心を成長させる
幼児食の基本とその進め方

離乳食が終わるとともに始まるのが幼児食です。
体の成長を促すだけでなく、いろいろなことを認識し、
覚え始めるこの時期の食事は、
心や脳の発育にも大きな意味合いを持っています。
この章では、幼児食が果たす役割から
具体的な進め方までをご紹介します。

子どもの体と心を成長させる幼児食

離乳食を終え、就学時まで子どもに与える食事を〝幼児食〟と呼びます。子どもにとってこの時期の食事は、生活の中心を占めるもの。食を通して体を成長させ、また心も育むものです。

常に成長する子どもをサポートする食事

1歳半頃で離乳食は終わり、以降は子供の発育の様子を見ながら大人の食事へと移行させていきます。この頃の食事〝幼児食〟は、睡眠や運動とともに常に成長していく子どもをサポートする大きな役割を担っており、心身の発育にとって大きな影響力のあるもの。1〜5歳の子どもは成長がとても早く、また活発に動きまわるため、体重1キログラムあたり必要となるエネルギーは大人の2〜3倍！ビタミンやカルシウムも同様に大人の必要量より多く、これらの栄養が不足すると発育に支障をきたしかねません。目で見える成長、身長の伸びや体重の増加だけでなく、脳の発育にも食事で得るバランスのよい栄養はとても重要なのです。

離乳食が終わったからといって、すぐに大人が好む食生活に子どもを組み込んでしまっては、偏った食事や、子どもに負担となる食事になってしまいます。パパやママがどう食事と向き合うかは、子どもの成長に関わる大切なこと。ストイックになり過ぎる必要はありませんが、子どもにとっては、**幼児期で出会う食事や食に由来するすべてのものが、人生において初めての経験になる**ということを頭に入れておいてください。その大切な出会いとつき合いをよりよいものにする意味も込めて、適切な幼児食で子どもの成長を育んでいきましょう。

生活習慣病予防は幼児食から

欧米型の食事が浸透した現代の日本では、日本食より洋食がメインの食卓になっているご家庭も多いことでしょう。肉中心で野菜が足りないおかず、いわゆるファーストフードと呼ばれるハンバーガーやフライドポテト、ジュースなどといった食事が日常的になっている生活では、肥満やコレステロール値の高い体を作ることになってしまいます。欧米型の食事は日本食に比べて高脂肪であり、たんぱく質も脂肪分も動物性が主で、食物繊維のとりにくい傾向にあります。一方、日本食は世界的にも健康食といわれているくらい、体にとって負担の少ない内容です。つまり日本食を食べることが、そのまま生活習慣病予防にもつながるのです。

恐ろしいことに、若年層での生活習慣病は増加傾向にあります。それは幼い頃から欧米型の食事を摂取していることが、原因の一端を成しているといわれています。**生活習慣病が大人の病気という定説は今や滅び、子どもにとっても身近な存在**となっているのです。最善の対策は予防。幼児期の毎日の食事から気をつけること、それが一番手っとり早く我が子の健康を守るということになるのです。

味覚を発達させる幼児期のすり込み

幼児期は著しく体が成長するだけでなく、味覚も大きく発達します。しっかりした味覚を得るため

には、さまざまな食材を口にさせ、味や食感の違いを体験させることが大切です。薄味であらゆる食材を食べさせれば、素材の味がわかる舌になりますが、**味が濃く、刺激の強いものを与えていると、味覚音痴になってしまいます。**基本の味つけが濃いと、それ以上に風味の強い食品にしか味覚が反応しなくなってしまうのです。幼児期に育まれた味覚は、大人になってからもずっと持ち続けるため、味つけは注意しなければなりません。

また、3歳頃までに繰り返し食べたものの味は脳にすり込まれ、その味と結びつけられた感情もともに記憶されます。おいしい、楽しい、家族で囲んだ食卓の温かさといった幼児期に経験する気持ちは、その子どもにとって食から生まれる初めての情緒。それだけに子どもがプラス思考の感情を持てるよう食事を提供したいものです。

食から親しむ日本文化と習慣

食事をするということは、食文化を学ぶことにもなります。幼児期から繰り返される食に由来する物事、箸を使うことやお米を食べること、季節のものを食べること、行事を祝う食事をすることなどは、日常の中で行われ、覚え、親しまれていくものです。**食を大切にすることは、イコール日本の文化を大切にすること**なのです。旬の食材をいただくことは、豊かな日本の四季を食卓に呼び込むことであり、おせち料理をいただくことは、新年を迎えるにあたっての心構えや習わしを学ぶことでもあります。

また、親子で一緒に買いものへ行くことや調理を見せること、手伝わせることによって、子どもは食自体に対して興味を持つようになります。実は、パパやママが食生活を通じて子どもに与えられる教養はとても豊富。料理を前にした多くの会話から、食べものが持つ日本文化のイロハや、日本人の感受性を伝えてあげましょう。言葉だけではなく、食卓の料理から実感できることが子どもにとって有意義なものなのです。

心の豊かさは家族で囲む食卓から作られる

子どもにとって食事は生活の中心。生活のリズムを作るとともに、パパやママと触れ合う大事な時間です。家族で食卓を囲んで、会話や笑顔とともに食事をいただくのは、とても楽しいひとときであり、精神を安定させるもの。満腹感を得られると同時に、温かいコミュニケーションによって心も満たされるのです。それは何にも代え難い、日常の中の幸せな出来事です。

しかし、反対に家族がそろっているのに不穏な空気の中での食事や、誰も食事をともにする人がいない〝孤食〟は、子どもの心にとって悪い影しか落としません。ママがとにかく「食べなさい」と強要するような食事はストレスを生み、ひとりきりの会話のない食事は文字通り味気ないものです。本来食事をすることは楽しいこと。この事実を子どもに実感させるには、まず大人たちが楽しんで食事をしていなくてはいけないのです。

お友だちや親戚など大勢で食事をすることは食事を楽しみ、また食のマナーを覚える格好の機会となります。集団で行動する場合においては、まわりからの刺激や相互作用で、みんなと歩調を合わせる努力をします。決められたルールを守ることがそこで身につき、社会性を持つ一歩となります。

幼児食において重要なのは、体や心の発育を促すことと食べる楽しみを知り、幸せな気持ちを得ること。そのためには、パパとママの食への真摯な姿勢がとても大切になるのです。

幼児食作りの基本ポイント1

食の初体験を豊かなものに

具体的に子どもが食事することを楽しい、おいしいと感じるようになるには、どういったことに注意しごはんを作ればよいのでしょうか。食べることの初体験を豊かなものにするためのポイントをまとめました。

味つけの基本

味覚の発達を促す味つけを

幼児食の調味の基本は"薄味"です。この時期にさまざまな食材の味を体験することで、味覚の発達を促すことができます。そのため、大人と同じような塩分や味つけで食事をいただくのではなく、できるだけ料理に使われた素材そのものの味を舌で感じさせてあげることが大切です。肉にも魚にもいろいろな種類と味があること、野菜の持つやわらかなうま味を味わわせてあげてください。**味つけの目安としては、大人の濃さの半分程度です。** 塩やしょう油といったスタンダードな調味料のほかにも、マヨネーズやケチャップなどでバリエーションを持たせるといいでしょう。ただし、辛味のあるものやスパイス、塩分の強いものなどは、子どもにとって刺激的過ぎるため使用は避けるようにしてください。濃い味や、甘い飲みものなどに慣れてしまうと素材本来の味がわからなくなってしまうほか、生活習慣病を引き起こす原因となるので十分に気をつけてあげましょう（避けるべき食品についてはP16参照）。

サイズ 形の基本

食べやすさを優先させる

子どもに大人が食べるサイズのハンバーグやコロッケを出していては、もちろん大き過ぎます。1～2歳ならば食事の摂取量はだいたい大人の半分量ですが、単純に量を減らすだけでなく、食品を食べやすく調理してあげることが重要です。この**子どもが食べやすいということは、食欲を助長させるポイントにもなります。**うまくつかめない、うまく口に運べないとなると、とたんに食べること自体が嫌になってしまうのです。ですから、調理する上でおかずのサイズや形は子どもにとってちょうどよい大きさ、つかみやすい、もしくはスプーンやフォークで食べやすい形にしてあげる必要があるのです。野菜スティックやひと口おにぎりなど、手づかみ食べを成功させてあげる工夫は、パパとママの仕事なのです。

色味 食感の基本

興味をひく色と舌触りのよさ

色は子どもにとって食事をする上での大きな要素といえます。たとえば、鮮やかな赤やオレンジをした食材には好感を持っていたり、色味のない食材には興味を示さないなど**見た目には大人以上にとても敏感です。**またほうれん草を食べて苦手と感じてしまうと、ほかの緑の野菜も一緒に拒否するようになってしまいます。色よく盛りつける、飾るということは料理を作る基本のポイントではありますが、幼児に食べさせる食事についてはより重要視したい点なのです。加えて料理の食感に対しても子どもはとっても敏感です。食感で好き嫌いがわかれてしまうこともよくあるので、できるだけやわらかく、なめらかにしてあげましょう。煮ものは大人のものより煮込む、パサパサした肉や魚はあんかけにするなどの工夫が大事です。サイズや形同様、

「食べやすい」「食べられた」という成功体験を調理のひと手間で引き出してあげてください。

咀嚼《しゃく》力がポイント

歯の成長具合で変える調理法

離乳食完了期ともなれば奥歯も生えてきますが、かむ力は大人と一緒ではありません。歯が生えそろうにしたがい、食べやすさは増しても、**咀嚼力に合わせながら徐々に慣らしていくことが大切です。**そうした練習をすることで、大人が食べるものと同じものが食べられるようになってきます。かむことは唾液の分泌を促し、栄養素の吸収を助けたり、虫歯予防にも効果的。また、脳への刺激が生まれ、脳を活性化させる働きも。さらに舌の動きや顔の筋肉を使うことで、発音の発達や表情が豊かになるともいわれています。つまり成長過程で重要な働きが、かむことで促進されるのです。離乳食が終わって2歳になる前までくらいは、やわらかめに作り、2歳になってからはだんだんと歯ごたえのあるもの、またかむ回数が増える食物繊維の豊富なものを与え、3歳からは大人と同じような食事を体験していきましょう（P14も参照）。

調理アレンジがポイント

食べないときは機転を利かせて

3歳になるまでは、舌触りや形などちょっとしたことで食べるのを嫌がることがよくあります。食欲にもムラがあるので、ママが作った料理を毎回思い通りにすべて食べてくれる子どもはなかなかいません。子どもが嫌がって何かを食べないときは、**無理やり食べさせようとするのではなく、ひとアレンジしてみましょう。**同じ食材でもちょっとした変化を加えるだけで、すすんで食べるようになることもあります。

たとえばパサパサしやすい魚ならとろみをつけたり、ひき肉は卵焼きに入れて口の中でポロポロしないようにします。また、子どもの好きなケチャップを少量かけてあげたり、野菜は刻んでごはんに混ぜ込んであげるなど、調理上でも食卓上でもその都度状況を見てアレンジしてあげましょう。

どうしても食感が苦手で肉が食べられないという子には、同じたんぱく質を含む魚や大豆などをうまく利用して与えてください。あせらなくても、月齢を重ねるごとに成長する子どもは、いつの日からかパクパクと食べ出すはずです。パパやママは焦らず、機転を利かせながら食べさせてください。

楽しい嬉しいがポイント

食事はみんなで仲良く食べるもの

子どもが〝ごはんを食べること〟に意欲的になるためには、おいしいということよりも大切なことがあります。それは楽しく食べられるかということ。子どもに限らず大人も食事は誰かと一緒に楽しく食べる方が好きという方が多いはず。食すということを練習し始めた子どもにとっては、**より楽しい、嬉しいというプラスの感情を高めてあげることが重要**です。ママがじっと目の前で「さあ食べなさい」と見ていたり、「全部食べて！」と食事の間中、終始怒っている食卓では子どもは食べることに快感を得られません。家族と一緒に食べ、苦手なものを嫌がったら「ママが食べちゃお！あ〜おいしい」と見せてあげたり、食べられたら「すごい！」と大喜びして褒めてあげてください。コミュニケーションをとりながらの楽しい食事が、子どもにとっては何よりのごちそうです。

幼児食作りの基本ポイント2

必要な栄養と食べさせるコツ

子どもに必要な食事量は？　何を食べさせたらいい？　気になり出したらキリがない！　子どものためのあんなことそんなこと。でも大丈夫、そんなに難しいことではありませんよ。

子どもに必要な食事量とは？

個人差はありますが、1〜2歳の子どもが1日に食べる量はだいたい大人の半分量。1日3食＋おやつ（1〜2回）の計4〜5回の食事で必要量をとります。子どもによっては小食だったり、日によって食べる量にムラがあるなど、少し心配に感じることもあるかもしれませんが、1日にこれだけ食べなくてはダメと考えるのではなく、1週間をトータルで見て必要量食べていればOKです。

子どもは環境や気分などで食欲に影響を受けやすいもの。ママは我が子のペースや調子を観察して調節を。お昼に少ししか食べなかったならば、おやつ時に残した分を与えたり、今日は食がすすまなかったと感じたら、翌日好きなものを出して食欲を高めてあげたりと柔軟に対応しましょう。

1〜2歳
1日の摂取量は
950~1050
キロカロリー

3〜5歳
1日の摂取量は
1250~1400
キロカロリー

献立作りのコツとは？

献立は何といっても栄養バランスのよさが大切です。理想的なのは〝主食＋一汁二菜〟。これは何も子どもの食事に限ったことではなく、パパやママも同じです。ですから、幼児食のために！　と難しく考える必要はなく、普段から栄養バランスに気をつけた献立を立てていれば、子どものためにもう一度献立を見直す必要はありません。

主食

ごはん、パン、麺類の炭水化物

↓

エネルギー源となる重要な栄養素

ごはんもパンも麺類もそれぞれ栄養的には同じ働きをしてくれますが、かむ力を伸ばすという点、パンや麺には油脂や塩分が含まれるという点で、3食のうち2食をごはんにするのがおすすめです。

主菜

肉、魚、卵、大豆製品などのたんぱく質

↓

血や肉を作る栄養素

ハンバーグひとつ、焼き魚ひとつなどというよりは、野菜と組み合わせた料理にするのがより望ましいでしょう。

副菜

野菜類、海草類、果物類
乳製品などの
ビタミン、ミネラル

↓

体の調子を整える栄養素

積極的にとりたいのは栄養価の高い緑黄色野菜です。不足しがちなビタミン類、鉄分は意識してとるようにします。

汁もの

野菜類、海草類、
大豆製品などのビタミン、
ミネラル、たんぱく質

みそ汁やスープなど、汁ものは具材や味のバリエーションが広い食べもの。子どもにとって食べやすいので、具材に栄養豊富な食材を使うと摂取栄養量の補給的役割を担ってくれます。

1日の食事の目安量 4群点数法

	第1群		第2群		
働き	日本人に不足しがちな栄養素を含む食品群		筋肉や血液を作るのに必要な食品群		
食品例	牛乳・乳製品	卵	魚介類とその加工品	肉類とその加工品	豆・豆製品
1〜2歳	牛乳で200ml	1/2個（25g）	30g	15〜20g	豆腐で35g
3〜5歳	牛乳で200ml	2/3個（35〜40g）	40g	35〜40g	豆腐で40〜45g
30歳代	牛乳で200ml	1個	60g	45g	豆腐で100g

	第3群			第4群
働き	体の働きをスムーズにする食品群			力や体温の基礎になる食品群
食品例	野菜・海藻類	芋類	果物	穀類・油脂・砂糖・その他
1〜2歳	200g（緑黄色野菜を1/3以上）	40g	100g	ごはんで270〜300g
3〜5歳	220g（緑黄色野菜を1/3以上）	40〜60g	100〜150g	ごはんで330〜350g
30歳代	350g（緑黄色野菜を120g以上）	80g	200g	ごはんで500〜550g

悩まないための献立テクニック

１日分の献立を立て、それを毎日続けるのはママたちにとって大変な作業。しかしちょっとしたポイントさえつかんでいれば、自然とメニューは決まってくるものです。

まずは朝食です。基本的に「ごはん＋たんぱく質（魚、みそ汁など）」と「パン＋たんぱく質（卵など）」を交互に作るようにしましょう。決めてしまえば、毎朝そんなに大変ではありませんし、昼食や夕食で補給しなくてはいけない、１日の栄養もおのずと考えやすくなります。

では、１日で一番重要な夕食の献立を考えてみましょう。まず決めることは主菜です。体に理想的なのは肉と魚を交互に食べること。「昨日はお肉を食べた」なら、今日は魚で決定です。メイン食材が決まれば、組み合わせる野菜類なども決められます。次は副菜です。副菜は、主菜の料理を前提として考えましょう。メインがこってり系（揚げものや中華系）ならばあっさりしたもの（酢のものやサラダ）を作るようにしましょう。汁ものも同様、メインに合う、もしくは栄養的に補うものを作ります。

昼食は、夕食、朝食を補うためのメニューを考えますが、チャーハンや具だくさんうどん、お好み焼きなどは手軽に作れる上、多くの栄養素が一度に摂取できるのでおすすめです。

献立決めスタート

ママの頭を悩ませる毎日の献立作りは、ルールに従えばとっても簡単です！

朝食

or

パン　ごはん

主食＋たんぱく質の２パターンを交互に作る。ゆで野菜や果物などのビタミン源を添えれば完璧！ ときにはヨーグルトなどの乳製品をたんぱく源にして変化を。

夕食

or

汁もの　副菜　魚　肉

主菜に対し、味、栄養ともにバランスのとれたメニューを考えましょう。主食をつけて献立完了！

肉と魚を交互に出すようにします。ローテーションを決めてしまえば楽ちん。野菜類と組み合わせて作りましょう。

昼食

１品で栄養たっぷり

朝食、夕食では食べられないものを中心にします。炭水化物、たんぱく質、野菜をすべて含んだお手軽料理も◎。

味つけと調理法で変化を！

献立を立てる際の大きなポイントとなるのが、味つけと調理法。和食、中華、洋食など、１日を通してバリエーションに富んだメニュー構成にするといいでしょう。味つけや調理法があまりにも重なってしまうと、食に対するワクワク感も減ってしまいます。豊かな味覚を育てるためにも気をつけてみてくださいね。

注意

こんなメニューになっていませんか？

□ たんぱく質だらけ！

野菜が少なく、肉や卵などのたんぱく質ばかりが重なった献立は、脂肪分をとり過ぎて栄養バランスが悪くなってしまいます。乳製品も脂肪分が多いので一緒に出すのは避けるようにしましょう。

□ 野菜を野菜ジュースで代用！

野菜と野菜ジュースはまったく別ものと考えてください。あくまでも野菜ジュースは、野菜を食べてもなお不足する栄養分を補うためのもの。栄養量は同じでも体への吸収率が高い、野菜そのものをきちんとるようにしましょう。

□ 濃い味つけのおかず！

気をつけていても、気づかぬうちに塩分や糖分をとり過ぎてしまうことも。ごはんに毎回ふりかけをかけていたり、お茶や水の代わりにジュースを飲んでいたりすると味がわからなくなったり、生活習慣病を引き起こしてしまいます。薄味を常に心がけましょう。

よい食事はよい食習慣が作る

子どもの1日にとって食事はもっとも大事な行為。おいしく、きちんと食べるためには、何より生活リズムが肝心です。パパとママは子ども中心の生活を意識しましょう。

ごはんタイムを生活スタイルの中心に

子どもが毎回の食事に対し意欲的になり、またしっかりと食べられるようになるためには、何を作るかといった食事内容だけでなく、生活習慣も大きなカギとなってきます。食欲がない理由は「食べる準備が整っていない」ということ。たとえば、帰りの遅いパパと一緒の夕食だったり、夜遅くのファミレスや居酒屋での食事など、子どもを大人のリズムに引きずりこんではいませんか？　大人の生活ペースで過ごしていると、夜寝る時間は遅くなり、そのために朝が起きられなくなります。すると朝食はおのずと昼近くとなり、昼食は夕食近くに……と悪循環。食事時間帯が遅め、毎日食べる時間はバラバラといった食習慣ならば、1日のスケジュールをきちんと立てることをおすすめします。食事時間を一番に考え、子どもが正しい時間帯に食事をとれることを中心に計画をし、それに沿って過ごすようにしましょう。〝お腹がすく生活リズム〟を作ることで、食事をきちんと食べられるようになるのです。

親は子どもがグズるとついつい食べものを与えてしまいがちですが、そこはグッと我慢。決められたリズムを習慣づけることを意識し、子どもに甘くならない努力を心がけましょう。そうすることで、食事時間までに子どもの脳と体は自然と食事する準備が整います。

（子どものための生活リズム）

- 7:00　起床
- 8:00　朝食
- 遊び（おやつ）
- 12:00　昼食・昼寝
- 15:00　おやつ・遊び
- 18:00　夕食・お風呂
- 21:00　就寝

1 早起きをする

朝起きるのが遅くなってしまうと、1日のリズムがすべてずれ込んでしまいます。不規則な習慣を断ち切るためにはまず、早起きから！　起きる時間を早めることで子どもがグズってしまうかもしれませんが、習慣化すれば自然と起きられるようになります。ママも頑張って！

2 朝食に向けて準備する

寝起きでは食欲はわきません。起きてからお腹がすくまでの時間を設け、30分～1時間後に朝食を食べるようにするといいでしょう。

3 昼食に向けて準備する

午前中の明るい時間帯に外に出て遊ぶようにしましょう。外気を吸って、散歩をし、体を動かすことで食欲が出てきます。子どもにとってよく遊ぶことはとても大切。体を使うことで生活のメリハリが出て、夜もぐっすり眠れるようになります。また、お腹をすかせるようでしたら、軽めのおやつを食べさせましょう。

4 お昼寝もけじめよく

昼食の後はお昼寝させましょう。ただし、時間は必ず決めます。夕方まで寝てしまうと、夜なかなか寝つけなくなってしまうので、休憩も規則正しく。そうすることで、次の行動がしやすくなります。

5 楽しみなおやつタイム

おやつも毎日決まった時間にとることが基本です。子どもにとってのおやつは食事と一緒です。ごはんにとり入れにくい、いも類や豆類を意識したメニューや炭水化物系を中心に与えましょう。夕食が控えているので、ダラダラ食べないようにすることも大切です。

6 遅い夕食はNG！

夕食は遅くとも7時くらいまでに食べるのが理想。本来ならば家族そろって食べたいところですが、難しいなら子どもだけ先に食べさせるようにしましょう。遅くなるとその分胃腸に負担がかかり、翌朝お腹がすかなくなります。

7 早寝を心がける

子どもにとって夜更かしは何もいい影響を与えません。気持ちよく眠りにつけるように、部屋を暗く、静かになるよう保ってあげましょう。ママが絵本を読んであげたりすることで、安心して眠ることができます。

食事は楽しいという心を育てる

食事はひとりで食べるよりも、誰かと一緒に食べた方が何倍もおいしく感じられるもの。もちろん子どもにとってもそれは同じです。ママが忙しいからといって、作ったごはんを食卓の上にポンと置いて子どもひとりで食べさせたり、イライラした表情で急かしたり、食事時間が無言だったりしては、せっかくのごはんものどを通りにくくなってあたり前。楽しい食事どころか食べること自体に苦痛を感じてしまうでしょう。幼児食において特に大切にしたいテーマは、成長を促すための栄養素を必要量必ずとることでも、味覚を発達させるためのバリエーションに富んだメニュー構成でもありません。〝食べることはとても楽しく、嬉しい〟と子どもに感じてもらうこと。食事をする雰囲気が楽しければ、子どもは喜び、ごはんそのものがおいしく感じます。親がコミュニケーションをとりながらの食事を心がけることで、子どもの心もおのずと明るく、楽しくなるのです。

食事をすることが楽しくなる3つの魔法

子どもが楽しく食事をするために、パパとママが大切にしたい、3つのポイントをご紹介します。

1 みんなで食事をする

可能な限り、パパやママと一緒に食事をするようにしましょう。いろいろな話しをしながら、笑顔の絶えない食卓を作ることができれば子どもの心にもいい影響が生まれます。食事をすることが楽しいというすり込みは、この幼児期につくもの。幸せな時間を食事とともに経験することで、食に対して豊かな感情が育まれていきます。ときには、同年代のお友だち、またはおじいちゃんやおばあちゃんといった大人数で、いつもよりにぎやかな食環境を楽しむのもおすすめです。

2 自由に食べさせる

幼児期の子どもは、大人と同じようには食事ができません。それはわかっていても、こぼしたり、好き嫌いをしたり、食べ残したりされると、ママはついつい怒ってしまいがち。しかし、思い通りに食べてくれなくても、強制するのは間違い。「食べなきゃおやつ抜きよ！」なんておどしたりしていませんか？　食事を楽しみたいのに、それは逆効果。「ママが食べちゃお～おいしい～！」などと興味を持たせるようにしましょう。次に期待することが大切です。

3 とにかくほめる！

子どもがごはんを全部食べられたとき、苦手なものを頑張って食べられたとき、上手にフォークやスプーンが使えたとき、いただきますやごちそうさまがちゃんと言えたとき、パパやママはどうしていますか？　もちろん思いっきりほめてあげるのが正解。子どもはほめられれば、その行為が嬉しいこと、いいことだとすぐに覚えるので、ほめられて嬉しかった経験がきっかけで自発的に行動できるようになります。とにかく大げさに、ときには拍手をして「あなたはすごい！」とほめてあげましょう。

年代別！かむ力と調理の工夫

かむという行為は脳と心、体も成長させてくれる重要なものです。いつまでもやわらかいものを食べさせていては、咀嚼《しゃく》力はアップしません。ここでは年代別に応じて、子どものかむ力を育む調理上の工夫をご紹介します。

1歳代

乳歯は **8~12本**

離乳食が終わる頃になると、前歯が生えそろい、奥歯のひとつである第1乳臼歯が生えてきます。前歯でかじることはできますが、離乳食からあがりたての子どもは、かむということを覚え始める頃。まず食材は細かく切ったものか、ひと口大でも指で簡単に押しつぶせるやわらかさのものを与えるようにしましょう。

□ かための野菜

根菜などの歯ごたえのある野菜は、みじん切りにしてなおかつやわらかくなるまでしっかり火を通します。

□ 葉もの野菜

キャベツや青菜などの歯もの野菜も同様、細かく刻んでやわらかくなるまでしっかりと火を通します。

□ お肉類

子どもにとって肉はかみ切りにくいもの。基本的に1歳代の子どもにはひき肉で与えます。

2歳代

乳歯は **16~20本**

2歳になると第1乳臼歯が生えそろい、かむ力も発達してくる頃です。ある程度かみくだくこともできるようになり、歯ごたえのあるものも食べやすくなってきます。みじん切りは卒業し、ある程度形の大きいものを与えてみてください。ただしゴロゴロとしたものは難しいので、細切りにすることがポイントです。

□ かための野菜

3cm程度の長さの細切りにして、加熱します。かたさは少し歯ごたえを感じるくらいにするといいでしょう。

□ 葉もの野菜

細切りにします。葉ものはかみちぎりにくく、口の中で持て余してしまうので大きさに配慮して切るようにします。

□ お肉類

ひき肉以外にも薄切り肉が食べられるようになる頃です。繊維を断ち切るように細切りにし、かたくなりすぎないよう調理しましょう。

3歳代

乳歯は **生えそろう**

この頃にはほぼ乳歯がはえそろい、かむ力は大人に近づきつつあります。しかし、まだ筋力は弱いので、いろいろな食感のものを食べる経験をし、咀嚼力をアップさせてあげましょう。ひと口大程度の大きさなら、難なく食べることができます。ただし、繊維のあるものに関しては断ち切るなど処理をしてあげてください。

□ かための野菜

まだ生では食べづらいので、加熱してある程度やわらかくしてあげましょう。大きさは3cm四方程度に切ればOKです。

□ 葉もの野菜

加熱してあれば、3cm程度の短冊状やひと口大の乱切りが食べられるようになります。いろいろな形状を経験させましょう。

□ お肉類

薄切り肉なら3cm四方に切ればOK。かたまり肉も2cm角程度に切れば食べられます。筋があるものは切ってから与えましょう。

幼児に必要なおやつの役割

1歳を過ぎ、1日の食事が3食になる頃から必要となるおやつ。大人にとってはブレイクタイムでも、子どもにとっては欠かせない4回目の食事です。3食を補うおやつの役割を知った上で食べさせるようにしましょう。

食事としてのおやつとは？

体はうんと小さくても、子どもが発育と成長のために必要とするエネルギーは高く、栄養素も十分に摂取しなくてはなりません。しかし、子どもの消化器官や胃はまだ未熟。そのために一度の食事で摂取できるエネルギーは限られています。そのときの気分によって食欲も変わってくるため、3食できちんと必要量をとりにくいのが現実です。そこで、補食的に与えるのがおやつです。

1日の摂取エネルギーの10～20%をおやつでとるようにしましょう。基礎代謝の活発な子どもは2～3時間でお腹が減ってきます。与えるタイミングは午前と午後の2回を限度とし、朝食から昼食の食事間隔が短い午前には軽めに飲みものなどを、午後は炭水化物などを出すようにします。おやつから次の食事までの時間は2時間以上あけるようにし、おやつをダラダラと食べさせないように注意してください。けじめよく食べさせないと、夕食時にお腹が減っていない状態になってしまいます。それでは補食としてのおやつの意味がありませんので、ママは食事と遊びをリズムよく交互に行える習慣づけを心がけるようにしましょう。

おやつルール

□ 回数

1日に1～2回
欲しがるたびに与えてはNG!

1回の食事量が少ない子どもには、午前と午後の2回。3歳を過ぎてしっかりと食事を食べるようになれば、午後の1回で十分です。その子の活動量や1日の食事間隔を考え、調整するようにします。欲しがるたび与えてはいけません。

□ 摂取量

100～200キロカロリーが目安
食事に影響の出ない量を

午前にもおやつを与える場合の午前：午後の摂取量の割合は、1：2を目安に。牛乳やジュースなどは意外にカロリーがあるので、与えるときはそれだけか、低カロリーの果物などの食べものを組み合わせるようにします。

□ 内容

食事ではない特別感を
おやつは子どもの楽しみに!

ときには外で食べたり、子どもが楽しみにできるよう意識して与えるといいでしょう。その日に登場しない食材を出したり、食事にはとり入れにくい、いも類や豆類をおやつにとり入れるのもおすすめです。1歳前半は食欲にムラが出やすいので、栄養補給ができてママが手軽に準備できる、果物やいも、野菜スティックなどを。2～3歳になれば運動量も増えるので、おにぎりやパン類といった炭水化物などを食べさせるといいでしょう。また、咀嚼力アップの練習にもなる、干しいもやいりこなども適しています。

子どもと一緒におやつを作ろう!

2～3歳ともなれば、お手伝いにも興味を示すようになります。そういった自発的な行動は、なるべく活かせるようにサポートしてあげると、子どもの発育にもとてもいい影響を与えます。ただし、3食の料理では包丁や火を使う場面が多くなるので、少々心配な面もあります。ママとしてはひやひやするから手伝わせられないと感じるかもしれません。その点おやつでは、加熱時をのぞけば比較的危険な工程が少ないので、子どもと一緒に安心して作ることができます。P92からのおやつレシピでは、子どものお手伝いポイントを記載していますので、参考にしておやつクッキングを楽しんでみてください。

避けたい食べもののリスト

子どもも5歳にもなれば、だいたい何でも食べられるようになりますが、咀嚼力が弱く、消化器官も発展途上な1～3歳のうちは避けるべき食品があります。子どもに負担のかからない食事を作るためにも、リストを参考にしてください。

のどに詰まらせやすいもの

こんにゃく、もちなど

ツルツルしているものや、弾力のあるものはかみにくく、間違えて気管に入ったり、のみ込めてものどに詰まらせてしまう可能性が高いので注意が必要です。1歳にはこんにゃくやもちは危険度が高いので避けた方が安全です。また、枝豆や水煮の大豆などもかまずにのみ込みやすいのでつぶして与えるようにした方がいいでしょう。

塩分の強いもの

漬けもの、いくら、たらこ、かす漬けなど

薄味が基本の幼児食には、塩分の強い食品はもちろん向いていません。またコレステロールが高い食品も多いので、生活習慣病のもとを作る要因となってしまいます。どうしても使用する場合は、たらこは加熱し、漬けものは小さく切りって少量に。かす漬けは刺激が強過ぎるので幼児期には控えましょう。干物、煮魚の缶詰なども塩分が強いので、味を薄くする工夫をして少量を心がけます。

生もの

刺身、貝類、生卵など

1～2歳は細菌感染の可能性が心配なので、避けた方が無難です。新鮮なものなら、細かく切って少量を。加熱すれば、問題はありません。生ものは基本的に3歳以降からにしましょう。

かみ切りにくいもの

たこ、いかなど

弾力がある上にかみ切りにくいため、生でも加熱済みでも避けた方がいい食材です。3歳を過ぎてからは、細かくして与えるようにします。また、貝類（加熱）やきのこ類、葉野菜類なども総じてかみにくいので、与える際は加熱し、細かく切って調理するようにしましょう。

刺激物

スパイス類、辛味料、など

刺激の強いスパイス、唐辛子、わさび、からし、ラー油、豆板醤などの調味料は、素材の味で味覚を発達させたい子どもには必要のないもの。これらの辛味調味料は、5歳以降になるまで避けるようにしましょう。セロリや生の玉ねぎなどもクセが強く、子どもには苦手な食材。細かくして何かに混ぜ込むなど調理上の工夫をして与えましょう。

脂肪分の多いもの

脂身の多い肉など

肉や魚の脂身は子どもの体にとって負担になります。部位を選んで、赤身の部分を与えるようにしてください。脂身をとりのぞいてから与えたり、加熱時に出た脂はキッチンペーパーなどで吸いとるようにして、なるべく脂分を多く与えないように気をつけましょう。

ファーストフード

ハンバーガー、フライドポテトなど

かむ力の弱い1～2歳には不向きな食品です。3歳以降の子どもに関しても、ファーストフードは脂肪分が多く、塩分も強いので与えない方がいいでしょう。どうしてもというときは、量を調節してあげましょう。

化学調味料や添加物を多く含むもの

インスタント食品、レトルト食品、冷凍食品など

これらの食品は便利ですが、体にとって負担となるものが多く含有されています。また、味が濃いので、子どもにとってはあまりふさわしくないといえるでしょう。なるべく化学調味料や添加物の少ない食品を選びましょう。

1歳からOKの調味料

しょう油、ソース、ケチャップ、マヨネーズ、はちみつ（1歳未満は×）、粉チーズ

※酒、みりんはアルコール分を飛ばせばOK
※固形スープの素は薄めて使用すればOK

第2章

大人ごはんと一緒に作る毎日ごはん
基本レシピ

本書は忙しいパパやママでも手軽にできる、2～3歳を中心とした幼児食レシピを掲載しています。

まずは、日常食を〝味だけを変える〟もの〝途中で作り分ける〟もの、〝形を変えて作る〟ものとカテゴライズしご紹介します。

カレー！

大好き大定番のカレー！
大人はスパイシーに子どもはマイルドに
ルーを変えるだけの作り分けレシピ
ポイントは具材のサイズとやわらかさです

ざいりょう 大人2人＋子供1人

- 合びき肉……200g
- Ⓐ じゃがいも……2個
- Ⓐ 玉ねぎ(中)……1個
- Ⓐ にんじん……100g
- カレールー(大人用)……100g
- カレールー(子ども用)……30g
- サラダ油……大さじ1
- 水……4カップ
- ごはん……大人分適量 子ども分75g
- ハム、ピーマン、黒ごま、パセリ(みじん切り)……各適量

mama's point

肉はかみ切る必要のないひき肉を使い、具材は小さな角切りにすることで子どもにとって食べやすいカレーに。また具材を子どもに合わせてやわらかく煮るようにすることで、ルーを変えるだけで親子の作り分けが簡単にできます。

つくりかた

おとな & 2〜3さい

1. Ⓐの野菜は1cmの角切りにする。
2. 鍋にサラダ油を熱し、合びき肉、①の順で炒める。
3. ②に水を加え、20分程度やわらかくなるまで煮る。
   - ▶ 煮えた具材と汁1/5量を別鍋にとり分け、子ども用のルーを入れて仕上げる。
4. ③の残りに大人用のルーを入れて仕上げる。
5. 器にごはんとルーを盛り、パセリを散らして完成！
   - ▶ 器に75gのごはんとルーを盛り、型抜きしたハムとピーマン、黒ごまで作った鳥を飾れば完成！

子ども用カレーは、ごはんを型で抜いたり、かわいい飾りをのせるとgood！

Baby 1さい

手順3のやわらかく煮えた肉と野菜をとり分け、水溶き片栗粉でとろみをつける。野菜はくずして食べさせて。

papa & mama
スパイシーカレー
children
マイルドカレー

白身魚のピカタ

大人用はハーブ入りの卵液で、子ども用は卵と牛乳のシンプルな卵液 添えもののキャベツには加熱のひと工夫を加えましょう

ざいりょう 大人②人＋子供①人

- 白身魚(スズキや鯛など)……2切れ
- 塩、こしょう……各少々
- 小麦粉……適量
- Ⓐ 卵……1個
- 　 牛乳……大さじ1・1/2
- 　 青のり……少々
- Ⓑ 塩、こしょう、ハーブ……各少々
- サラダ油……大さじ1
- キャベツ……適量
- パセリ(みじん切り)、いちご……各適量

mama's point

ピカタは食感がやわらかく感じられる調理法。卵の自然な甘味は魚の味わいにマイルドさを与えてくれます。大人用の卵液に使うハーブは、バジルやオレガノがおすすめです。お好みでアレンジしてみてください。

つくりかた

おとな	2～3さい
① 白身魚は斜め切りにし、軽く塩、こしょうをふって小麦粉をまぶし、耐熱皿に並べラップをふんわりとかけて電子レンジに1分かける。Ⓐは合わせておく。	フライパンにサラダ油(大さじ1/4)を敷いて白身魚1/5量にⒶをつけ、焼いてひと口大に切る。
② 4/5量の白身魚は、ⒶにⒷを加えた卵液に入れ、残りのサラダ油を加えたフライパンでピカタを焼く。	
③ キャベツは細切りにする。	細切りにしたキャベツをサッとゆでる。
④ 器にピカタとキャベツ、パセリを盛りつけて完成！	器にピカタ、ゆでキャベツ、パセリのみじん切り、半分に切ったいちごを盛りつけて完成！

子ども用キャベツは食べやすいよう、火に通し、ゆでキャベツにします。

Baby 1さい

電子レンジにかけた白身魚を細かくくずして、Aと炒め、半熟いり卵に仕上げます。

papa & mama
ハーブ入り
ピカタ
children
ハーブ抜き
ピカタ

肉団子と角切り野菜のスープ煮

ごろごろ肉団子は食べごたえあり！2色のパプリカを色よく散らせば、食欲をそそる見栄えになりますラー油をひとかけで大人用ができ上がり

ざいりょう　大人②人＋子供①人

- 豚ひき肉……150g
- Ⓐ
  - 長ねぎ（みじん切り）…大さじ1
  - しめじ（みじん切り）…1/4パック
  - 鶏ガラスープ……大さじ2
  - パン粉……大さじ3
  - 塩……少々
- 白菜……1・1/2枚
- パプリカ（赤、黄）……各1/6個
- Ⓑ
  - 鶏ガラスープの素……小さじ1
  - 水……1・1/2カップ
  - 塩……小さじ1/2
- Ⓒ
  - ラー油……少々
  - しょうが汁……少々
- 水溶き片栗粉……適量

辛味調味料を仕上げに使えば、味の作り分けが簡単にできます。

つくりかた

おとな＆　2〜3さい

① ボウルに豚ひき肉とⒶを入れてよく練ったら、14等分にし、小さなボール状に丸めて肉団子を作る。

② 白菜とパプリカを角切りにする。

③ 鍋にⒷを煮立てた後、①の肉団子を加えて中火で2分煮、白菜を加えてさらに3〜4分煮た後、水溶き片栗粉でとろみをつける。

④ ③の4/5量を器に盛り、Ⓒをかけて完成！

▶ ③の1/5量を器に盛って完成！

Baby　1さい

2〜3歳の手順通りに作ったら、肉団子をくずして食べやすくし、パプリカをとりのぞいてスープあんかけに。

mama's point

肉団子は冷ましても中が熱い場合があるため、子ども用はあらかじめ割って、フーフーしてから食べるように教えてあげましょう。

papa & mama
仕上げに
ラー油を
children
もちろん
ラー油抜き！

マーボーナス

お馴染み中華料理は子ども向けにあっさり野菜炒めに辛味をつけないだけで作り分けができる優れものメニュー

ざいりょう 大人②人＋子供①人

- なす……2本
- 豚ひき肉……100g
- 長ねぎ(みじん切り)……1/2本
- A
  - しょう油……大さじ2/3
  - みりん……大さじ1
  - 鶏ガラスープ……1/2カップ
- サラダ油……大さじ2
- 水溶き片栗粉……適量
- B
  - 豆板醤……小さじ1/2
  - 粉山椒……少々
  - ごま油……小さじ1
- ごま油……適量

mama's point

子ども用に豆板醤は入りませんが、鶏ガラスープの味つけは和食とはちがう、中華味を体験させることができるメニューです。子どもがいるから辛い料理は……、とあきらめずこのレシピでパパも喜ぶ中華料理を作ってみてください。

つくりかた

おとな & 2〜3さい

① なすは乱切りにし、塩をふって10分おいた後、洗って水気を切る。

② フライパンにサラダ油を熱し、①を焼いた後、なすをとり出し油を切る。

③ ②のフライパンに豚ひき肉を入れて炒め、合わせたAを加えて煮る。

④ ③に水溶き片栗粉でとろみをつけた後、長ねぎと②のなすを加える。

→ 子ども用に1/5量をとり出して器に盛って完成！

⑤ 残りの4/5量にBを加えてサッと煮、器に盛れば完成！

カトラリー同様、お皿も子どもが扱いやすいものを。お気に入りの食器で食べるのは楽しみのひとつ。

Baby 1さい

なすはみじん切りにして、ひき肉とねぎとともに、薄めたAで煮てとろみをつけ、あんかけにする。

papa & mama
豆板醤で
ピリ辛マーボ
children
辛味なし
マーボ

ひじきと厚揚げの煮もの

1歳さんには具材をさらに細かく切って、だし汁のみで煮ればOK！

ざいりょう 大人②人 ＋ 子供①人

長ひじき……………12g
厚揚げ………………1/3枚
にんじん……………30g
だし汁………………1・1/2カップ
A 砂糖……………小さじ1
A しょう油………小さじ1
しょう油……………小さじ1

つくりかた

おとな & 　　2〜3さい

① 長ひじきはもどして2〜3cmに切っておく。にんじんは皮をむいて細切りする。

② 厚揚げはサッと湯で洗い、小さめの角切りにする。

③ 鍋に①とだし汁を入れて沸騰後中火で7〜8分煮たら、Aと②を加えてさらに5分弱火で煮る。

▶ 子ども用に1/5量をとり出し、器に盛って完成！

④ ③の鍋に、しょう油を加えて煮上げ、器に盛って完成！

mama's point

ひじきは一般的な芽ひじきよりも、長ひじきの方がやわらかく、子どもにとって食べやすい種類です。ひじきはカルシウム豊富！

にんじんといんげんの和えもの

大人にはピリッと辛味を効かせて
1歳さんは、
具材をさらに細かくし、
だし汁のみで和えます

ざいりょう 大人②人 ＋ 子供①人

にんじん……… 100g
いんげん……… 3本

Ⓐ
練り辛子 … 少々
しょう油 … 小さじ1
だし汁 …… 大さじ1

Ⓑ
だし汁 …… 小さじ1
砂糖 ……… ひとつまみ
しょう油 … 小さじ¼

つくりかた

おとな & 2～3さい

1. にんじんは千切りにし、いんげんは斜め切りにする（mama's pointも参照してください）。
2. 鍋に1・1/2カップの水（分量外）を沸騰させ、その中に①を入れてサッとゆでる。
3. ②の4/5量と①の大人用いんげんをⒶで和えて完成！ ▶ ②の残り1/5量をⒷで和えて完成！

mama's point

写真はいんげんを大人用と子供用に切り分けています。子どもが歯ごたえを嫌うようでしたら、薄く切ってあげましょう。

レバニラ炒め

おつまみにも最適！
お父さんの大好き料理は、
ちょっとした味つけの工夫で
子どもも食べやすい料理になります

ざいりょう　大人②人＋子供①人

- レバー……130g
- 牛乳……大さじ3
- A
  - しょう油……小さじ1
  - 酒……大さじ1/2
  - しょうが汁……小さじ1/2
- 片栗粉……適量
- 揚げ油……50cc
- ニラ……100g
- B
  - オイスターソース……小さじ1
  - しょう油……小さじ1・1/2
- C（子供用）
  - ケチャップ……小さじ2
  - 水……大さじ1
- ケチャップ……少々

つくりかた

おとな&　　2〜3さい

1 レバーは小さめの薄切りにし、15分くらい牛乳に漬けておく。

2 ①を牛乳から出してペーパーでふき、Aと合わせる。

3 ②に片栗粉をまぶして、揚げ油を熱したフライパンで揚げ焼きする。

4 ニラ4/5量を3㎝に切る。

▶ ニラ1/5量を5㎜に切る。

5 フライパンに油大さじ1/2（分量外）を熱し、大人用のニラを入れてサッと炒めたら、4/5量のレバーを入れて、Bで味をつければ完成！

小鍋に1/5量のレバーと子供用ニラ、Cを入れてからめるように煮る。器に盛り、ケチャップをかければ完成！

クセの強いレバーはケチャップをかけることで、子どもが食べやすくなります。

Baby　1さい

牛乳に漬けたレバーと細かく切ったニラをCの水を多めにして（大さじ2〜3）煮てください。

mama's point

レバーは加熱し過ぎるとかたくなり食感が悪くなります。子どもはかたいものが苦手なので、味よりも食感によってレバーを嫌いになってしまいます。やわらかさを保つためには、短時間で揚げて余熱で全体に火が通るようにします。

papa & mama
オイスター
ソースベース
children
ケチャップ
ベース

冷しゃぶ野菜巻き

子ども用はキャベツを巻き巻き！
大人用は長ねぎを巻き巻き！
それぞれのタレにつけていただきます

ざいりょう 大人②人＋子供①人

- 豚しゃぶしゃぶ用肉……200g
- 長ねぎ……1/4本
- キャベツ……1枚

A
- ごま油……小さじ1
- にんにく(千切り)……1/2片分
- しょう油……大さじ1

B
- 鶏ガラスープの素……小さじ1/2
- 水……大さじ1

C
- 鶏ガラスープの素……少々
- 水……大さじ1
- 砂糖……ひとつまみ
- しょう油……小さじ1/2

mama's point

お肉を中温でゆでるのは、食感をやわらかくするため。高温ではパサつき、かたくなりやすいので子どもには食べにくくなります。ただ、しっかり火を通さないと不安という方は、沸騰したお湯でゆでてください。

つくりかた

おとな＆ 2～3さい

1. 豚しゃぶしゃぶ用肉は、塩少々（分量外）をふって、80度程度の湯でゆでる。

2. （おとな）長ねぎは細切りにしてサッと水洗いする。
（2～3さい）キャベツはゆでた豚肉の大きさに合わせて切り、熱湯でさっとゆでる。

3. （おとな）①の肉の4/5量に長ねぎを巻く。
（2～3さい）残りの肉1/5量にはゆでキャベツを巻く。

4. （おとな）フライパンにⒶを入れて、にんにくが色づいてきたらⒷを加えて煮立て、大人用のタレを作って完成！
（2～3さい）別鍋にⒸを入れて煮立て、子ども用のタレを作って完成！

巻く具材を変えるだけで、作り分けできちゃう！

Baby 1さい

手順1の豚しゃぶとゆでたキャベツを細かく切って、Cの水を多めにして（大さじ2）合わせます。

papa & mama
冷しゃぶ
ねぎ巻き
children
冷しゃぶ
キャベツ巻き

肉じゃが

嫌いな人はいないかも？なママの味代表！初めての牛肉体験にもぴったりなメニューです

ざいりょう 大人②人＋子供①人

- 牛薄切り肉……100g
- じゃがいも……2個
- 玉ねぎ(中)……2/3個
- にんじん……70g
- ゆで絹さや……適量
- だし汁……3カップ
- Ⓐ 酒……大さじ2
- Ⓐ 砂糖……大さじ1
- Ⓐ しょう油……大さじ1
- Ⓑ しょう油……小さじ1
- Ⓑ みりん……小さじ1

具材を大人用と子ども用に切り分けます。ちっちゃなお口にぴったりのサイズにしてあげて。

つくりかた

おとな & 2〜3さい

① 材料の牛薄切り肉は2cmに切り、じゃがいもとにんじんは乱切りに、玉ねぎは厚めのくし形に切る。

→ 切った具材の1/5量をさらに細かく切る。

② 鍋にサラダ油を熱し、大人用の牛肉、玉ねぎ、じゃがいも、にんじんの順に炒める。

③ ②にだし汁を加え、足りないようならばひたひたになる程度水を加える。沸騰させたらアクをとりのぞき、Ⓐを加えて10分煮る。

→ 子ども用具材はみそこしなどの小さ目のザルに入れ、ザルごと鍋に入れる。煮えたら汁とともにとり出す。

④ ③に、Ⓑを加えて煮上げたら、器に盛りつけ、細切りにしたゆで絹さやを飾って完成。

→ 器に盛りつけ、型抜きしたゆで絹さやを飾って完成。

Baby 1さい

手順3で煮た具材をつぶして、煮汁適量と合わせれば完成。

mama's point

肉じゃがにおいていかに味が具材に染み込んでいるかが、おいしさのポイント。煮込みの目安は、煮終わったときに汁が煮始めの半量程度残っている状態だとgood！しっかりと味のついた肉じゃがが完成しているはずです。

papa & mama
ゴロゴロ
具材
children
具材小さく&
やわらかく

カリフラワーの肉巻き揚げ

子ども用は食べやすい大きさに
味つけは子どもはケチャップ、
大人はウスターソースで召し上がれ！

ざいりょう

大人②人＋子供①人

- カリフラワー……………………1/4個
- 豚薄切り肉…………………200g
- 塩……………………………少々
- 小麦粉、溶き卵、パン粉…………各適量
- 揚げ油…………………………適量
- ウスターソース、ケチャップ　…各適量

巻き方は単純にカリフラワーを豚薄切り肉でくるりと包むだけ！

つくりかた

おとな &	2〜3さい
① カリフラワーの4/5量は大きめに小分けにする。	残りの1/5量は小さめに小分けにする。
② ①にそれぞれ豚薄切り肉を巻き、塩をふる。	
③ ②に小麦粉、溶き卵、パン粉の順でつけ、170度の油で揚げる。	
④ 大人用にはウスターソースを添えていただく。	必要であれば小さく切り、子ども用にはケチャップを添えていただく。

Baby 1さい

カリフラワーと肉を細かく切って、揚げものにはせず鶏ガラスープでやわらかく煮るようにします。

mama's point

カリフラワーの淡白な味とジューシーな肉がよく合う巻き揚げ。サクサク衣の食感も楽しんで。揚げる際は、子ども用を先に揚げ、粗熱をとって食べやすくなるようにしておきましょう。大人用を後から揚げるとベストなタイミングに。

papa & mama
丸ごと
カリフラワー
children
半分カリ
フラワー

えびと青菜入り空也蒸し

やわらかでなめらかな舌触りはやみつきのおいしさ！
1歳さんは、えびを入れずに空也蒸しにします
味つけはさらに薄めにしましょう

つくりかた

おとな &	2～3さい
① 絹豆腐は食べやすい大きさに切る。	
② ほうれん草はゆでて、4/5量は3cm幅に切る。	残りの1/5量のほうれん草は細かく切る。
③ エビはゆでてカラをむき、飾りの1尾をのぞき1cm幅に切る。	
④ 大人用の器に4/5量の①と③を入れ、合わせたⒶを流し入れる。	子ども用の器に残りの①、細かく切ったほうれん草、③を入れ、残りのⒶを流し入れる。
⑤ 大人用、子ども用ともに強火で1分、弱火で10分蒸す。	
⑥ 蒸し上がったら縦半分に切ったえびとほうれん草を飾って完成！	

ざいりょう

大人②人 ✚ 子供①人

Ⓐ
- 卵 …………………… 2個
- だし汁 ………… 2カップ
- みりん ………… 小さじ1
- 塩 ………………… 小さじ1/6
- 薄口しょう油 … 小さじ1

絹豆腐 ………………… 1/2丁
エビ …………………… 3尾
ほうれん草 ………… 80g

マカロニグラタン

1歳さんは、具材をさらに細かく切って、適量のホワイトソースと和えて食べさせてあげましょう

つくりかた

おとな & 2〜3さい

1 ボウルにバターを入れて電子レンジで溶かし、小麦粉を合わせた後、Ⓐを加えて電子レンジに6〜7分（途中一度混ぜながら）かけてホワイトソースをつくる。

2
- おとな：①の4/5量にみそを加えて混ぜる。
- 2〜3さい：残り1/5量にコーンを加えて混ぜる。

3 マカロニはゆで、玉ねぎはスライスし、ハムは細切りにする。

4 フライパンにサラダ油を熱し玉ねぎとハムを炒め、ゆでマカロニを加えて塩、こしょうで味をつける。

5
- おとな：大人用のグラタン皿（サラダ油を塗っておく）にみそ入りの②と④（4/5量）を入れ、チーズ（4/5量）を散らして220度のオーブンで10分焼けば完成！
- 2〜3さい：子ども用も同様にグラタン皿にコーン入りの②と残りの④を入れ、チーズをのせて大人と一緒に焼いて完成！

ざいりょう

大人②人 ＋ 子供①人

- マカロニ……70g
- 玉ねぎ……1/2個
- ハム……3枚
- バター……20g
- 小麦粉……大さじ1・1/2
- Ⓐ 牛乳……1カップ
- Ⓐ ブイヨン…1/2カップ
- コーン（クリーム状のもの）……大さじ2
- みそ……小さじ1
- とろけるチーズ…40g
- 塩、こしょう…各少々
- サラダ油……大さじ1

ギョウザ

親子の作り分けは、
肉あんの味つけと形！
大人には香味野菜を効かせます
子ども用は持ちやすい形に工夫を

ざいりょう　大人②人＋子供①人

- 豚ひき肉……150g
- 白菜……2枚
- Ⓐ
  - ニラ……1/3束
  - しいたけ……2枚
- Ⓑ
  - しょう油……小さじ1
  - 水……大さじ1
  - みそ……小さじ1
  - ごま油……大さじ1
- Ⓒ
  - にんにく……1/2片分
  - しょうが……1/2片分
- ギョウザの皮……20枚
- ごま油……大さじ1/2と小さじ1/2
- Ⓓ
  - しょう油、ラー油、
  - 酢……各適量

子ども用ギョウザは食べやすいよう、スティック状に作ります。

つくりかた

おとな&　　2〜3さい

① 白菜はみじん切りにして塩をふり、しばらくおいて水分を絞る。

② ボウルに豚ひき肉とみじん切りにしたⒶ、①、Ⓑを加えてよく練り、あんを作る。

（2〜3さい）ギョウザの皮4枚にそれぞれあんをのせ、棒状にくるくると巻く。

（2〜3さい）フライパンに子供用ギョウザを並べ、水1/4カップ（分量外）を入れる。フタをして蒸したら、余分な水を捨ててごま油（小さじ1/2）を加えて焼いたら完成。

③ 残りのあんにみじん切りにしたⒸを加えて混ぜたら、すべてをギョウザの皮で包む。

④ 洗ったフライパンに大人用のギョウザを並べて、水を1/2の高さまで入れる。フタをして蒸したら、ごま油大さじ（1/2）を回し入れてカリッと焼く。

⑤ 大人にはⒹのタレを添えていただく。

Baby　1さい

手順2で作ったあんを鶏ガラスープで煮て、水溶き片栗粉でとろみをつけます。

papa & mama
香味野菜
入り！
children
持ちやすい
形に

コロッケ

サイズのみ変えればOK
子ども用はコロコロのボール状にし、
もちろん手づかみでも、
フォークで刺しても食べやすく！

ざいりょう
大人②人 ✚ 子供①人

- じゃがいも(中) ……… 2個
- 合びき肉 ……… 80g
- 玉ねぎ(みじん切り) …… 1/4個分
- サラダ油 ……… 大さじ1/2
- 塩、こしょう ……… 各少々
- 小麦粉、溶き卵、パン粉 … 各適量
- 揚げ油 ……… 適量
- きざみキャベツ、ゆでキャベツ、ミニトマト、パセリ …… 各適量
- ソース、ケチャップ …… 各適量

つくりかた

おとな & 2〜3さい

① じゃがいもは皮つきのままラップをして電子レンジで6分加熱し、皮をむいて熱いうちにつぶしておく。

② フライパンにサラダ油を熱して合びき肉と玉ねぎを炒め、塩、こしょうで味つけし、①と合わせてバットに入れて冷ます。

③ ②の4/5量を俵型に成形する。

④ ③にそれぞれ小麦粉、溶き卵、パン粉をつけて180度の油で揚げる。

⑤ 大人用コロッケにはきざみキャベツ、ミニトマト、パセリを添えてソースでいただく。

1さい

手順2の具材に塩のみ（こしょうは×）をふり、ゆでキャベツのみじん切りと合わせて小さな団子にし、そのまま食べます。

③ 残りの1/5量を小さめのボール状に成形する。

⑤ 子ども用のコロッケにはゆでキャベツ、ミニトマトを盛り、ケチャップでいただく。

mama's point

コロッケのサイズだけでなく、添えもののトマトも食べやすいサイズにすることをお忘れなく。同じく添えもののキャベツを加熱することも大切。4〜5歳になれば、生野菜も難なく食べられるようになります。

papa & mama
どっしり
俵形に
children
コロコロ
ボールに

かぶの肉詰あんかけ

大人のかぶのくり抜いた中身を子ども用に
ムダが出ないアレンジ料理です
星形に抜いたピーマンがキュート！

ざいりょう 大人②人＋子供①人

かぶ……2個
A 鶏ひき肉……50g
A 長ねぎ(みじん切り)……大さじ1分
A 片栗粉……小さじ1
A 塩……少々
B だし汁……2カップ
B 薄口しょう油……小さじ1
型抜きゆでピーマン、
片栗粉、
万能ねぎ(小口切り)……各適量

かぶをくり抜くときは、
計量スプーンを使うとき
れいにくり抜けます。

つくりかた

おとな & 2〜3さい

1. かぶは皮をむき、上部1/4くらいを切って中をくりぬき、切った部分（上部1/4の部分）とくり抜いた部分は1cm角に切る。

2. Aはよく練る。かぶのくり抜いた部分の内側に片栗粉をふって、Aの4/5量を詰める。残りのあんは丸めておく。

Baby 1さい

子ども用の手順に従って作り、できた肉団子を食べやすくなるよう少しくずせばOK。

3. 鍋にBを注ぎ入れて、肉詰めかぶを入れ、かぶがやわらかくなるまで煮る。
   - 子ども用：みそこしなどの小さめのザルに角切りにしたかぶと丸めた肉あんを入れ、鍋に入れて煮る。

4. 煮えたら、かぶとザルをとり出す。鍋に残った汁に水溶き片栗粉でとろみをつける。

5. 大人用の器に肉詰めかぶを盛り、④の汁と万能ねぎをかけて完成（味が足りなければ塩を少々加える）！
   - 子ども用：子ども用器にザルで煮たかぶと肉あんを盛り、④をかけて型抜きゆでピーマンを飾って完成！

papa & mama
かぶを
丸ごと！

children
くり抜いた
かぶを利用

たらと野菜のホイル焼き

とろとろチーズのコクのある味わいで、魚も野菜もどんどん食べちゃう!?大人用は最後のチリソースが味の決めてです

ざいりょう 大人②人＋子供①人

- 生たら……1・1/2切れ
- 酒……大さじ1
- じゃがいも(中)……1個
- キャベツ……2枚
- ピーマン……1個
- 長ねぎ……1/4本
- にんじん……1/4本
- とろけるチーズ……2枚
- Ⓐ
  - しょう油……大さじ1
  - みりん……大さじ1/2
  - 酒……大さじ1
- チリソース……適量

子ども用には柄や色のついた耐熱カップを使うと、見た目が楽しくなって good！

つくりかた

おとな＆ / 2～3さい

①

にんじんはすりおろし、長ねぎは小口切りにして、Ⓐと和える。

②

じゃがいもは角切りにして、レンジに2分かけておく。キャベツとピーマンは細めに切る。生たらは4/5量を2㎝幅に切って酒（分量外）をふる。

▶ 残りの生たら1/5量は1㎝幅に切って同じように酒（分量外）をふる。

③

アルミホイルの上に大人用生たらと、4/5量の野菜をのせ、とろけるチーズを4/5量のせて200度のオーブンで10分焼く。

▶ アルミカップに生たらと残りの野菜を入れ、とろけるチーズをのせて大人用と一緒に焼いて完成！

④

大人用はさらに5～6分焼いてとり出し、チリソースをふって完成！

Baby 1さい

手順3の子ども用にとろけるチーズをのせず、耐熱皿で1分電子レンジにかける。

papa & mama
チリソースで
仕上げ

children
アルミカップ
でかわいく

さつまいもの肉そぼろあん

子どもには茶巾にして
食べやすくします
1歳さんには、子ども用
茶巾をくずしてどうぞ

ざいりょう 大人②人 ＋ 子供①人

さつまいも……200g
だし汁…………1・½カップ
Ⓐ しょう油 …小さじ1
Ⓐ 砂糖 ………大さじ½
鶏ひき肉………50g

Ⓑ だし汁 ……½カップ
Ⓑ みりん ……大さじ1
Ⓑ 酒 …………小さじ2
Ⓑ しょう油 …小さじ1
水溶き片栗粉…適量
ゆでほうれん草
（3cmに切る）…適量

つくりかた おとな＆

① さつまいもは1cmの輪切りにし、鍋にだし汁とともに入れ、4〜5分煮たら、Ⓐを加え、さらにやわらかくなるまで煮る。

② 別鍋にⒷと鶏ひき肉を加えて火を通したら、水溶き片栗粉でとろみをつける。

③ ①の4/5量は大人用器にそのまま盛り、②のあんをかけてゆでほうれん草を飾れば完成！

①の残りの1/5量を皮ごとラップに包んで茶巾にしぼり、子ども用器に盛って残りのあんをかければ完成！

ほうれん草のサラダ

青菜嫌いさんには
さらに細かく切って
1歳さんには、鶏ガラ
スープにとろみをつけ
あんかけふうにします

ざいりょう 大人②人＋子供①人

ほうれん草…… 1/2束
にんじん……… 1/6本
油揚げ………… 1/2枚

A
- しょう油 … 大さじ1/2
- 酢 ………… 小さじ1
- だし汁 …… 大さじ2
- ごま油 …… 大さじ1

B
- しょう油 … 小さじ1/2
- サラダ油 … 小さじ1/2
- だし汁 …… 大さじ1

つくりかた おとな & 2～3さい

1. ほうれん草はサッとゆでて水に放った後、3～4cmに切り、にんじんは細切りにしてゆでる。油揚げは湯通しをして、千切りにする。
   ▶ 切ったほうれん草、にんじん、油揚げの1/5量はさらに細かく切る。
2. 大人用に切った具材とAを和えて完成
   子ども用に切った具材とBを和えて完成！

親子丼

具材の大きさと味つけを少し変えれば親子のおそろい親子丼が完成！
1歳さんには具材を粗みじんに切り、子ども用の卵液でとじてあげましょう

children
具材は細かくして

ざいりょう

大人②人 ＋ 子供①人

鶏むね肉	200g
玉ねぎ	½個
三つ葉	適量
卵	2個（大人用） ½個（子ども用）
Ⓐ だし汁	150cc
Ⓐ しょう油	大さじ2
Ⓐ 砂糖	大さじ1
Ⓑ だし汁	70cc
Ⓑ しょう油	大さじ½
Ⓑ 砂糖	小さじ½
ごはん	2丼分（大人用） 1膳分（子ども用）

つくりかた

おとな	2〜3さい
① 鶏肉は角切りに、玉ねぎは1cm幅に、三つ葉は2cmに切る。卵は箸で2〜3回切るようにほぐす。	鶏肉、玉ねぎ、三つ葉のそれぞれ1/5量（子ども用）はさらに細かく切る。
② フライパンにⒶと大人用の鶏むね肉と玉ねぎを入れて煮立て、中弱火で2〜3分煮、卵（大人用）を流し入れてフタをし、半熟状になったらごはんと器に盛り、三つ葉を散らしていただく。	子ども用具材をⒷで煮て、残りの卵（子ども用）を加え同様に作る。

キャロットライス

1歳さんには、でき上がったキャロットライスに水を加えておじやにして食べさせてあげましょう

ざいりょう 大人②人＋子供①人

- 米……………………… 2合
- にんじん…………… ½本
- 固形スープの素 …… ½個
- バター……………… 大さじ1
- 塩……………………… 小さじ½
- ハム、ピーマン、
- ゆでにんじん、パセリ…各適量

つくりかた & & 親子一緒

1. お米は洗って、30分おく。にんじんはみじん切りにする。
2. ①に水を計量し、にんじんと固形スープの素、塩、バターを加えて通常通りに炊く。
3. ②をうさぎの型で抜き、ハムで目と口、耳、ピーマンで黒目とひげを作る。
4. ゆでにんじんを小さなにんじん形に切り、上部に楊枝などで穴を開け、パセリを指す。
5. 器に型抜きごはんを盛り、細工した④のにんじんを飾れば完成！

サラダそうめん

1歳さんには具材を細かく、麺を食べやすい長さに切り、だし汁でやわらかく煮て作ります

ざいりょう

大人②人 ✚ 子供①人

乾燥そうめん………80g
きゅうり……………$\frac{1}{2}$本
レタス………………1枚
ミニトマト…………2個

A
- だし汁…………$\frac{1}{2}$カップ
- しょう油………大さじ1
- みりん…………大さじ1
- サラダ油………小さじ1

つくりかた

親子一緒

1. そうめんはゆで、冷水で洗い器に盛る。

2. きゅうり、レタスは千切り、ミニトマトは細かく切る。

3. ①ときゅうり、レタスを混ぜ上にミニトマトを飾り、Ⓐをかければ完成！

煮込みうどん

1歳さんには具材を細かく、麺を食べやすい長さに切り、汁と一緒に煮込めばＯＫです

children
麺も具も
やわらかく煮て

ざいりょう

基本レシピ

大人②人 ＋ 子供①人

- ゆでうどん…… 2玉
- 生しいたけ…… 2枚
- 白菜………… 1枚
- かまぼこ……… 1cm分
- 長ねぎ………… 1/4本
- 卵……………… 2個
- Ⓐ だし汁…… 3カップ
- Ⓐ しょう油… 大さじ1・1/2
- Ⓐ みりん…… 大さじ1・1/2
- 万能ねぎ（小口切り）…… 適量
- 七味唐辛子…… 適量

つくりかた

おとな & 2〜3さい

① しいたけは細切りにし、白菜は軸と葉に分けて、軸は棒状に切り、葉は1cm幅に切っておく。ねぎは斜め薄切りに、かまぼこは短冊切りにする。

② 鍋にⒶを入れてひと煮立ちさせ、うどんと①を入れて煮る。

→ 煮立ったら子供用1/5量を汁（適量）とともに別鍋にとり出す。やわらかくなるまで煮たら、溶き卵1/2個分をまわし入れ、サッと煮れば完成！

③ 大人用には残りの溶き卵を加えて煮る。

④ うどんを器に盛ったら、大人用には万能ねぎの小口切りと七味唐辛子をかけていただく。

かぼちゃポタージュ

children
さっぱり
ポタージュ

かぼちゃと玉ねぎのうま味がとけ出たあったかスープ
牛乳を加えたら煮立てないようにするのが、
分離しないコツ！
１歳さんもこのまま召し上がれ

ざいりょう

大人②人 ＋ 子供①人

かぼちゃ……………… 正味200ｇ
玉ねぎ（スライス）… ¼個
バター………………… 大さじ１
Ⓐ 固形スープの素 ½個
Ⓐ 水………………… ２カップ
牛乳…………………… ½カップ
塩……………………… 少々
Ⓑ 生クリーム …… 大さじ３
Ⓑ こしょう ……… 少々
Ⓑ パセリ（みじん切り）…… 適量

つくりかた

おとな＆

① かぼちゃは２～３㎝角に切る。

② 鍋にバターを熱し、玉ねぎを炒めてかぼちゃとⒶを加えてやわらかくなるまで煮る。

③ ②の粗熱をとり、ミキサーにかける。なめらかになったところで鍋に戻す。

④ ③に牛乳を加え弱火で温め、塩を加えて味をつける。

子ども用1/5量を器に盛って完成！

⑤ 大人用にはⒷを加えて混ぜ、器に盛って完成！

children
マイルドミネストローネ

ミネストローネ

1歳さんには具材を細かく切って、子ども用の手順に従って作ってあげましょう

つくりかた おとな&

1 玉ねぎ、にんじん、セロリ、ズッキーニ、ベーコンは1cmの角切りにする。

2 鍋にサラダ油を熱して1のベーコン、野菜の順で炒める。

3 2にAを加え沸騰させ、アクをとりのぞいたらマカロニを加えて弱火でやわらかくなるまで煮て、塩で調味する。

子ども用1/5量を器に盛って完成！

4 大人用はBを加えてサッと煮、味を調えて器に盛れば完成！

ざいりょう

大人②人 ＋ 子供①人

- 玉ねぎ……1/4個
- にんじん……1/6本
- セロリ……1/2本
- ズッキーニ……1/2本
- ベーコン……1枚
- A
  - トマトの水煮缶……1/2缶
  - 固形スープの素……1個
  - 水……2・1/2カップ
  - 塩……少々
- マカロニ……80g
- B
  - 塩、こしょう、オレガノ、バジリコパウダー……各適量
- サラダ油……大さじ1

mama's worry column

ママのお悩みQ＆A

食べ方編 ①

食事をとる際にいろいろと浮上してくる、子どもと食の問題。そんなとき、ママはどうして？ 何で？ と焦ったり、怒ったりしないで。子どもの主張を成長として受け止め、原因を探って解決策を考えてあげましょう。

Q1 好き嫌いが多く、食べるのは同じものばかり。どうしたらいいでしょう？

A 1～2歳にもなれば、ほとんどの子どもに好き嫌いが出てきます。それは子どもが自分の気持ちを伝えようとしている、いわば自己主張。「嫌だ！」「食べたくない！」といえるようになったという心の発達を感じさせるものです。ですから「好き嫌いばかりして！」なんてイライラせずに、むしろ我が子の成長を喜んでいいくらい。おおらかに見守る姿勢が大切です。

幼児期の好き嫌いは、一時的なものであったり、見た目や舌触りなどといった単純な理由が多く、ちょっとしたきっかけで解決するものです。たとえば調理の工夫や「おいしいよ」「ひと口だけ食べてみようね」などのパパやママの声かけで、あっさりと食べられるようになることもあります。あまり神経質にならず、子どもがその食べものに興味を持つよう促してあげましょう。同じものばかりを食べる〝ばっかり食べ〟も、徐々に食べられる食材を増やしていけば問題はありません。子どもの気持ちを受け止めること、何が気になっているのかをわかってあげることが、嫌いなものを食べられるようにする工夫を施すヒントになります。

子どもが嫌いな代表的食べもの解決レシピ

クセがある、パサパサする！
魚 …… P.58

苦い、緑色が嫌！
青菜や葉野菜 …… P.64

食べ慣れない！ クセがある！
干物 …… P.70

食べ慣れないから！
豆類 …… P.72

これで解決！ 無理せず代用

調理法を変えても、形を変えても、どうしても食べない！ というときは、無理をせずに別の食材で栄養を補いましょう。無理やり食べさせても、子どもが好きになることはまずありません。青菜を食べないならほかの緑黄色野菜でビタミンを、魚を食べないなら大豆製品でたんぱく質をというように代用しましょう。

これで解決！ 見た目をひと工夫

子どもはきれいな色やかわいい形、キャラクターが大好き。食べものだって、見た目に興味がわけば、食べる意欲が出て自然に口に運んでくれます。型抜きができる野菜は、形を変えて出してみるといいでしょう。少し手間をかければ、子どもは喜んで食べてくれるかもしれません。

これで解決！ 調理でひと工夫

簡単なのは細かく切って、ほかの食材に混ぜてしまうこと！ たとえば卵焼きに混ぜ込む、ケーキに混ぜ込む、ハンバーグやコロッケに混ぜ込んで食べさせてみましょう。または食感を変えてあげるのもひとつの手。トロミをつけたり、やわらかくしたりと調理上で工夫してみましょう。

Q2 ちゃんとかまずに丸のみしている！

A 子どもにごはんを食べさせる際、具材をやわらかくしたり、とろみをつけて食べやすくするのは、まだ歯が生えそろっていないから。当然、歯が生えるにしたがって、かみごたえのある食事に移行していくのが正しい幼児食です。丸のみしてしまうのは、歯の成長具合と食べもののかたさが見合っていないためで、歯が生えていないのにかたいものを食べさせたり、歯が生えそろったのにやわらかいものばかりを食べさせていると、かむことをせずにのみ込んでしまいます。クセになるとなかなか直らないので注意してあげましょう。

現代の子どもは全体的に、かむ力が弱く、あごの筋肉が弱ってきているといわれています。子どもの頃にやわらかいものばかりを与え続けていると咀嚼力がつかず、かたいものが食べられなくなります。歯の生え具合を確かめながら、いろいろな歯ごたえのもの、形状のものを食べさせてあげましょう。そうすることで自然に咀嚼力がついてきます。

第3章

好き嫌いをなくす!
栄養バランスを整える!
悩み克服レシピ

ママがいくら栄養に気をつかって
献立を考えても、子どもが好き嫌いをして
食べてくれなくては困ってしまいます。
本章では嫌いな食材の上手な食べさせ方と、
よく聞かれるカルシウム不足、
脂肪のとり過ぎを防ぐメニューを
ご紹介します。

魚のつみれ汁

パッと見はお肉の団子に見えるさんまのつみれ汁ものにすることでいっそう食べやすく大人用にはしょうがと唐辛子を！

ざいりょう 大人②人＋子供①人

- さんま（皮なし、身のみ）……2尾分
- Ⓐ
  - みそ……大さじ1
  - 片栗粉……大さじ1
  - 溶き卵……1/2個分
  - しょうが（すりおろし）……小さじ1
- Ⓑ
  - だし汁……2・1/2カップ
  - 薄口しょう油……小さじ1
  - 塩……適量
- Ⓒ
  - しめじ……1/2パック
  - 小松菜……2株
  - 長ねぎ……1/3本
- 千切りしょうが……適量
- 七味唐辛子……少々

大人と子どもで大きさの違う具材を加熱するときには、写真のような小さなザルが便利です。

つくりかた

おとな ＆ 2～3さい

① さんまは3cmに切り、フードプロセッサーにかけるか包丁でたたいて細かくし、Ⓐと合わせる。

② 鍋にⒷを熱したら、①の4/5量をスプーンなどで丸く形作って落とし、煮る。

（2～3さい）同じ鍋にみそこしなどの小さなザルを入れ、その中に①の残り1/5量を小さめにして落とし、煮る。

③ しめじは小分けにし、小松菜は3cmの長さに切り、長ねぎは小口切りにする。

（2～3さい）野菜の1/5量はさらに細かく切る。

④ ②がひと煮立ちしたら、大人用具材を入れてサッと煮る。

（2～3さい）子ども用具材はザルに入れて煮る。火が通ったらザルを引き上げて器に盛り、汁をそそいで完成！

⑤ 大人用は塩（分量外）を加えて味を調え、器に盛り千切りしょうがと七味唐辛子をかけていただく。

克服ポイント

魚はつぶしていただきます！

青魚はクセが強く、苦手とする子どもが多い食材。そのままでは食べられない子どもでも、形を変えてしょうがで臭みをとり、食感がやわらかいつみれにすれば受け入れやすくなります。汁ものにすることでより食べやすく！

papa & mama
大きめ
つみれ
children
小さめ
つみれ

さんまのかば焼き

魚嫌いさんへ

魚がダメでも、かば焼きにすれば食べられる！
そんな子もいるのでは？
魚臭さは子どもも大人も大好き甘辛タレで
消してしまいましょう！

ざいりょう 大人②人＋子供①人

- さんま……2尾
- 小麦粉……適量
- サラダ油……大さじ1/2
- Ⓐ しょう油……小さじ2
- Ⓐ みりん……小さじ2
- 粉山椒……少々
- ごはん……適量

つくりかた

おとな＆	2～3さい
① さんまは3枚におろし、4/5量は1/2に切り、小麦粉をふる。	残りのさんま1/5量はさらに半分に切り、小麦粉をふる。
② フライパンにサラダ油を熱し、さんまを両面に焼き目がつくように焼く。	
③ ②にⒶの1/2量を加え、焦がさないように煮詰め、さんまをとり出す。	1/5量のさんまをとり分け、子ども用の器にごはんを盛り、かば焼きをのせれば完成！
④ ③に残りのⒶを加えて、さらに煮詰めたら、大人用さんまをもどしてからめる。	
⑤ 大人用の器にごはんを盛り、かば焼きをのせて山椒をふっていただく。	

克服ポイント

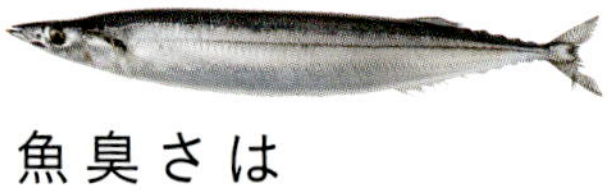

魚臭さは味つけでカバー！

魚の中でも比較的クセがある青魚。味が苦手な子どもには、少し濃い目に調味して食べやすくしましょう。しょう油とみりんで作る甘辛のタレは、みんなの大好きな味つけ。いわしやあじを使って作るのもおすすめです。

children
タレのうま味で
魚をおいしく

白身魚のあんかけ

魚嫌いさんへ

とろとろ〜りのあんかけで、魚もツルッと口に入っていってしまうはず！野菜もたくさん食べられる、栄養満点なおすすめメニューです

ざいりょう 大人②人＋子供①人

- 白身魚……2切れ
- 玉ねぎ……1/4個
- にんじん……2cm
- ホールコーン……大さじ4
- しいたけ……1枚
- 小松菜……1株
- Ⓐ 鶏ガラスープの素…小さじ1
- Ⓐ 水……1カップ
- Ⓐ 塩……少々
- 水溶き片栗粉……適量
- こしょう……適量

つくりかた

おとな&　　2〜3さい

①
白身魚は2cmに切って、塩少々（分量外）をふる。

②
玉ねぎとしいたけは1cm角に切り、にんじんはいちょう切りにする。小松菜は2cmに切っておく。

③
鍋に①と②、ホールコーンを入れてⒶを注ぎ入れ、5〜6分煮たら後、水溶き片栗粉でとろみをつける。

→ 子ども用に1/5量を器に盛って完成！

④
③の残りにこしょうをふったら器に盛り、完成！

克服ポイント

とろみづけが極意！

魚のパサパサした食感が嫌い！という子どもは多いはず。大人からみればそんなこと？　という理由でも、子どもにとっては大きな問題。そんなときに活躍するのが、とろみ。あんかけにすればのどごしもよく、食べやすくなりますよ。

children
トロミづけが
ポイント！

青菜の納豆和え

野菜嫌いさんへ

青菜嫌いさんにはふたつの方法を！
ひとつは細かく切ることで食べやすさを、
ふたつ目は納豆という心強い助っ人と合わせて
味を隠しちゃいましょう

ざいりょう 大人②人＋子供①人

ほうれん草……1/2束
Ⓐ
ひきわり納豆 ……1パック
卵黄 ……1個分
しょう油 ……小さじ1
溶き辛子……適量

納豆は嫌いな野菜を食べさせたいときにとっても便利な万能食材。

嫌いな野菜はサイズを小さくするのも効果的。形を変えるひと工夫です。

つくりかた

おとな & 2～3さい

① ほうれん草はたっぷりの湯でゆでた後、冷水に放つ。

②
- おとな：①の4/5量は2cmの長さに切る。
- 2～3さい：①の残りの1/5量は5mmに切る。

③
- おとな：②の水気を絞ったら、大人用ほうれん草は溶き辛子を加えたⒶの4/5量と和えて完成！
- 2～3さい：子ども用ほうれん草はⒶの1/5量と和えて完成！

克服ポイント

青菜を納豆の味でカモフラージュ！

子どもに意外と人気の納豆を活用。青菜は細かく切って、葉ものの食感をなくし、風味の強い納豆と和えることで味のクセを気にならなくさせます。ネバネバツルツルしている納豆は食べやすく、栄養も満点なお役立ち食材です。

children
納豆パワーで
食べよう

にんじんジャムトースト

野菜嫌いさんへ

にんじんが形を変えて甘〜いジャムに変身
これならたくさん食べられるかも！
作り方も簡単だから、朝食にもおすすめです
大人にはレモンとミントを飾っておしゃれに

ざいりょう 大人②人＋子供①人

- にんじん……1本
- Ⓐ 砂糖……50g
- Ⓐ レモン汁……大さじ1
- サンドイッチ用パン……4枚
- レモンの薄切り（いちょう切り）、ミントの葉……各適量

つくりかた

おとな & 2〜3さい

① にんじんは皮をむき、薄切りにする。

② 鍋に①とたっぷりの水を入れて、にんじんがやわらかくなるまで20分程度ゆでる。

③ ②をフードプロセッサーにかけるか、目が細かいザルでこしてペーストにする。

にんじんがやわらかくなっていればザルで簡単にペーストになります（手順3）。

④ 鍋に③を戻してⒶを加え、水分がなくなるまで煮上げる。

⑤ サンドイッチ用パンを6〜8等分に切ってトーストし、④をのせる。

▶ 全体の1/5量を子ども用とし、そのままいただく。

⑥ 大人用はレモンの薄切りとミントの葉を飾って完成！

克服ポイント

にんじんをすりつぶしちゃえ！

野菜の中でも独特の味わいを持つにんじんは、嫌われものになりやすい存在。ペーストにして味をつけ、ジャム感覚で試してみてください。にんじんの鮮やかな色は活かし、食べやすい食感と甘味で一転、子どもが喜ぶメニューに！

papa & mama
レモンと
ミントをのせて
children
甘いにんじん
ならOK

細か目なすとピーマンの甘みそ炒め

なすやピーマンは子どもにとってかみ切りにくさを感じるものです
苦手としているならば小さく切って、また、少し濃い目の味つけで食べやすく

ざいりょう 大人②人＋子供①人

- なす……3本
- ピーマン……1個
- サラダ油……大さじ1
- A
  - 酒……大さじ1
  - 赤みそ……大さじ1
  - 砂糖……大さじ1
- B
  - しょう油……小さじ1
  - 豆板醤……小さじ1/2

つくりかた

おとな & 　　2～3さい

1. なすは小さめの角切りにし、塩少々（分量外）をふり、10分おいて洗った後水気を切っておく。ピーマンは粗みじん切りにする。
2. フライパンにサラダ油を熱し、なすとピーマンを炒め、Aを加えて混ぜる。
   - ▶ 子ども用に1/5量をとり分け、器に盛れば完成！
3. フライパンに残った大人用には、Bを加えてサッと炒め、器に盛って完成！

克服ポイント

小さく切ればかみ切りやすく！

なすやピーマンが苦手という子どもの多くは、かみ切りにくいことを理由としています。慣れるまでは小さく切るか、皮をむいて（なすの場合）あげましょう。徐々に慣れさせるようにし、食べられたらほめてあげてくださいね！

children
かみ切れる
サイズに！

干ししいたけと切り干し大根のやわらか煮

乾物嫌いさんへ

乾物料理はうま味の深い、まさに家庭の味でも下ごしらえの手間でママは敬遠しがち？食べ慣れないことが子どもにとって苦手意識を生む原因になるので、ときには和食のおいしさを堪能できる一品を

ざいりょう　大人②人＋子供①人

干ししいたけ……………2枚
切り干し大根……………25g
しょう油…………………大さじ1
水…………………………1/2カップ

クセのある干ししいたけはとっても細かくして、見えないようにしてあります。

つくりかた

おとな&　　2～3さい

① 干ししいたけと切り干し大根はサッと洗って水につけ、もどす。

② 干ししいたけはみじん切りに、切り干し大根は食べやすい長さ（短め）に切る。

③ 鍋に①を汁とともに入れて5分煮、しょう油を加え、さらに5分煮たら4/5量を大人用にとり出す。器に盛って完成！

▶ 残った1/5量に水50cc（分量外）を足してやわらかくなるまでさらに10分煮たら、器に盛って完成！

克服ポイント

とにかく
やわらかく！
細かく！

乾物嫌いの理由は、単に親が食卓に出す機会が少ないので食べ慣れていないということも。干したものはかみ切れずに、いつまでも口の中に残ってしまいます。料理をを作る際は、細かく切って、食べやすくしてあげてください。

細かくしてや
わらかく煮る！

かぼちゃとあずきのいとこ煮

お豆はゆっくりコトコト煮込む、ママの愛情たっぷりメニューです
お豆嫌いさんにはかぼちゃと合わせて

ざいりょう 大人②人＋子供①人

- かぼちゃ……200g
- あずき……1/4カップ
- Ⓐ だし汁……150cc
- Ⓐ しょう油……小さじ1
- Ⓐ 砂糖……大さじ1/2
- しょう油……小さじ1

つくりかた

おとな & 2〜3さい

1. 鍋にあずきとかぶるくらいの水を入れて、沸騰後、一度湯を切る。
2. ①のあずきにたっぷりの水を加え、やわらかくなるまで煮る。
3. かぼちゃは2cm角に切り、皮を中心のみむく。
4. 鍋に③とⒶを加えて熱し、沸騰したらアクをとりのぞく。②を加えてかぼちゃがやわらかくなるまで煮る。
   - （2〜3さい）煮えたら子ども用に1/5量をとり分け、軽くつぶして器に盛れば完成！
5. 大人用はしょう油を加え、サッと煮て器に盛って完成！

克服ポイント

気になる味はかぼちゃで隠して！

乾物同様、家庭で食べる機会が少ないのが豆離れの原因のひとつです。豆はたんぱく質豊富な低カロリー食材。是非有効利用したいものです。やわらかく煮て、かぼちゃと合わせて軽くつぶせば食べやすく、味わいやすくなります。

papa & mama
ごろっと
煮もの
children
つぶして
食べやすく

おこのみ焼き

いろいろな具材が入れられる
万能ごはんのお好み焼き
桜エビをたっぷり入れてカルシウム強化！

カルシウム不足さんへ

ざいりょう　大人②人＋子供①人

- 卵……1個
- 小麦粉……100g
- 水……1/2カップ
- キャベツ……2枚
- 豚ひき肉……50g
- 酒……大さじ1/2
- 桜えび……20g
- A
  - マヨネーズ……大さじ1
  - ケチャップ……大さじ1
  - しょう油……小さじ1
- B
  - マヨネーズ……大さじ1/2
  - ケチャップ……大さじ1/2
- サラダ油……小さじ2
- 青のり……適量

つくりかた

おとな＆　　2〜3さい

1. キャベツは千切りにする。豚ひき肉は耐熱皿に入れてラップをし、電子レンジで1分加熱してほぐす。
2. ボウルに卵を割りほぐして、水を加える。
3. ②に小麦粉と①、桜えびを加えて混ぜる。
4. フライパンにサラダ油を熱し、③を直径10cmの大きさになるよう焼く。
   - 2〜3さい：子ども用は直径5cmになるよう焼く。
5. 両面色よく焼きあがったら器に盛り、大人用には合わせたAのタレを塗ってお好みで青のりをふり、いただく。
   - 2〜3さい：子ども用には合わせたBのタレを塗り、お好みで青のりをふっていただく。

克服ポイント

桜エビは気軽な便利食材！

桜エビを加えてカルシウム強化！殻や骨ごと食べられる桜えびはほかの魚介類よりもカルシウムを豊富に含んでおり、効率よく摂取できます。桜エビの大きさが気になる時は、細かく切って食べやすくしてください。

papa & mama
大きめに
焼いて
children
かわいい
ミニサイズ

フライパン厚揚げピッツア

カルシウム不足さん

フライパンで簡単に作れる
変わり種ピザはふわふわ生地が魅力
大豆製品はカルシウム豊富な食材
和食だけでなく洋風アレンジも是非

ざいりょう 大人②人＋子供①人

- 厚揚げ……1枚
- ハム（細切り）……3枚
- 生しいたけ……2枚
- 長ねぎ……1/4本
- ピザ用チーズ……100g

A

- しょう油……大さじ1/2
- 柚子こしょう……少々
- だし汁……大さじ1
- 酢……小さじ1/2

つくりかた

おとな＆ 2〜3さい

1. 厚揚げは皮のついた両側を厚めに、中の部分を薄くなるよう3枚に切る。さらに中の部分は2等分に切る。生しいたけ、長ねぎはみじん切りにする。

厚揚げの切り方。大人用に皮つき部分を厚めに、子ども用に中心の部分を薄めに切ります（つくりかた1）。

2. フライパンに厚揚げを並べ、中火で片側に焼き色がつくまで焼いたら、ひっくり返して中弱火で焼く。

3. ②の皮つき大人用2枚にそれぞれハム、生しいたけ、長ねぎ、ピザ用チーズの4/5量をのせる。

   ▶ ②の子ども用厚揚げに、残りの具材、ピザ用チーズをのせる。

4. フライパンにフタをし、3〜4分蒸し焼きにする。

5. 大人用にはAのタレを添えていただく。

   ▶ 子ども用はそのままいただく。

克服ポイント

実はカルシウム強化に最適な大豆

大豆製品は乳製品に次いでカルシウムの吸収率がよい食べもの。また、やわらかくて食べやすいところも子どもにとって魅力的です。厚揚げに、同じくカルシウム豊富なチーズをのせてさらにカルシウムアップを狙います。

papa & mama
柚子こしょうタレをつけて

children
そのまま召し上がれ！

エビミルクライス

カルシウム不足さんへ

エビにもミルクにも
カルシウムがいっぱい！
牛乳で炊いたごはんは、
いつもよりほんのり甘い味

ざいりょう 大人②人＋子供①人

米……2合
Ⓐ 牛乳……1カップ
　 塩……小さじ2/3
水……160cc
むきエビ……10尾
三つ葉（小さく切る）……適量

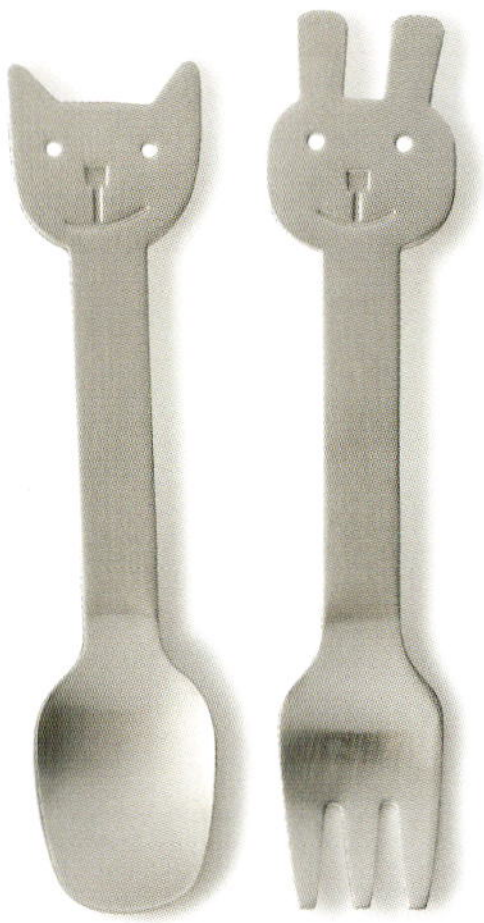

子ども用のフォークやスプーンは持ちやすく、先が尖っていないものを。お気に入りカトラリーで自然に楽しく、扱い方を学んで。

つくりかた

親子一緒

① 米は洗って水を計量して30分おき、Ⓐを加えて通常通り炊く。

② むきエビはサッとゆでて、1cm程度に切る。

③ ①を型抜きして器に盛り、小さく切った三つ葉とゆでむきエビを飾れば完成！

mama's point

ミルクライスはとっても簡単にできるから、ママにとっても嬉しいメニューです。エビ以外にも、カニやイカなどの魚介類のほか、ウインナーなどを入れてもおいしくできあがります。お好みの具材を使ってアレンジしてください。

克服ポイント

カルシウムといえばやっぱり牛乳！

牛乳が嫌いな子どもに是非食べさせたいのがミルクライス。主食であるごはんに加えて、自然に摂取できるところが嬉しい点です。カルシウムは加熱によって変化することがないので、調理の上で気にすることもありません。

ごはんで
ミルクを摂取！

小松菜とごま入りケーキ

カルシウムが豊富な小松菜とごまを合わせてケーキを焼いちゃいました！香ばしくて小松菜の風味も感じられるおいしさ

ざいりょう

作りやすい分量 5cm×8.5cm型4個分

- Ⓐ 小麦粉……100g
- Ⓐ ベーキングパウダー 小さじ1
- Ⓑ 砂糖……70g
- Ⓑ 卵……2個
- 小松菜……2株
- バター……50g
- 黒すりごま……大さじ2
- 牛乳……大さじ1

本レシピでは黒すりごまを使っていますが、白ごまでももちろんOK。ごまはすることで風味が増します。

つくりかた

親子一緒

1. 小松菜はゆでて細かく切る。Ⓐはふるっておく。バターは電子レンジで溶かしておく。
2. ボウルにⒷを入れて合わせた後、Ⓐを加えてざっくりと混ぜる。
3. ②に小松菜と黒すりごま、牛乳を加えて合わせた後、溶かしバターをまわし入れて混ぜる。
4. ③を型に入れて180度のオーブンで20分焼けば完成（型によって時間は調節してください）！

mama's point

パウンドケーキは何でも混ぜ込める便利なメニュー。カルシウム豊富な食材をたくさん組み合わせてケーキを作ることも可能です。たとえばにんじんやトマト、ナッツ、チーズなどもよく合いますので、是非試してみてくださいね。

克服ポイント

カルシウム豊富な葉野菜をケーキに！

小松菜は野菜の中でカルシウムを2番目に多く含む食材（1番目はモロヘイヤ！）。ごまと合わせることでさらにカルシウムが強化されます。おひたしや炒めものでは食べない子どもも、ケーキなら喜んで食べるはずです。

野菜の味が
活きたおいしさ

かじきのヘルシーフライ

ヘルシーポイントは一体どこに？
実は衣にちょっとした秘密があります！
大人にとっても嬉しい低カロリー揚げものです

ざいりょう　大人②人＋子供①人

カジキマグロ……………2切れ
塩、こしょう　…………各適量
小麦粉、溶き卵、パン粉…各適量
揚げ油……………………適量
ミニトマト、パセリ　……各適量

mama's point

揚げるのではなく、油をしいたフライパンで炒めたパン粉を、溶き卵の後にカジキマグロにつけて電子レンジにかければ、さらに低カロリーに。揚げ物が食べたいけれど、ちょっと面倒なんていうときにもおすすめ。

つくりかた

おとな＆　｜　2～3さい

① カジキマグロの4/5量は大きめのひと口大に切る。 ▶ 残りの1/5量はスティック状に切る。

② パン粉はすり鉢でするかフードプロセッサーにかけて細かくしておく。

③ ①をそれぞれ小麦粉、溶き卵、細かくしたパン粉の順につけて170度の油で揚げる。

④ 大人用フライを器に盛り、パセリと飾り切りしたミニトマトを添えて完成！ ▶ 子ども用フライを器に盛り、飾り切りしたミニトマトを添えて完成！

ぽっちゃりさん　克服ポイント

衣がヘルシーさを生む秘密！

揚げものは子どもたちの大好物。しかし、カロリーが高いのが難点です。ヘルシーにするためには、吸油率をコントロールすることがポイント。パン粉を細かくすることで、油の吸収は少なくなり、吸油率をコントロールできます。

papa & mama
大人も嬉しい
ヘルシー衣
children
スティック状が
食べやすい

鶏ささ身の野菜ロール蒸し

色鮮やかで華やかですが作り方は意外に簡単！低カロリー食材、ささ身を使った逸品をどうぞ大人は好みのタレをつけて食べても◎

ざいりょう　大人②人＋子供①人

鶏ささ身……………３本
キャベツ……………３枚
にんじん……………３㎝
スティックチーズ……３本
焼きのり……………適量

鶏ささ身肉はたたけばよく伸び、具材を包むのもお手のもの！　ラップを使って巻いていくと便利です。

つくりかた……親子一緒

① キャベツとにんじんはゆでて細切りにする。

② スティックチーズに焼きのりを巻く。

③ 鶏ささ身肉をラップに挟んで、めん棒などでたたき薄くする。

④ ③の上に水気を切った①を広げ、中心に②をおいて鶏ささ身でくるくると巻いていく。

⑤ ④をつなぎ目を下にして耐熱皿に並べてラップをかけ、電子レンジで１分40秒加熱する。

⑥ 粗熱がとれたら、斜め切りにして器に盛れば完成！

克服ポイント

脂肪分が少ない嬉しいお肉！

鶏ささ身は肉類の中でもとても低カロリー。ただし淡白な味わいや、パサつきやすい食感にあまり食欲をそそられないという子どもも。そこでコクのあるチーズや彩りのあるキャベツやにんじんを加えてきれいなロールにしましょう。

children
ささ身は
低カロリー♥

豆腐入りれんこんバーグ

ハンバーグに豆腐とれんこんを入れれば、ヘルシーになるだけでなく、ふわふわサクサク食感が楽しめます！

ざいりょう 大人②人＋子供①人

- 豚ひき肉……100g
- れんこん……70g
- 玉ねぎ……1/8個
- 木綿豆腐……1/4丁
- Ⓐ パン粉……大さじ3
- 　溶き卵……1/2個分
- 　塩、こしょう……各少々
- Ⓑ ケチャップ……大さじ2
- 　中濃ソース……大さじ1
- サラダ油……小さじ1
- ラディッシュ、ラディッシュの葉、レタス……各適量

つくりかた

おとな & 　2～3さい

① 木綿豆腐は水切りする。

② れんこんと玉ねぎをフードプロセッサーにかけた後、豚ひき肉を加え練る。豆腐とⒶも加えてよく混ぜる。

③ ②の4/5量を2等分にして楕円形に成形する。
（2～3さい）②の残りの1/5量を小さめの楕円形に成形する。

④ フライパンにサラダ油を熱し、③のハンバーグの両面に焼き色をつけたらフタをして蒸し焼きにする。
（2～3さい）子ども用は焼けたら途中でとり出す。

⑤ 大人用が焼けたところで子供用をもどしてⒷをからめて仕上げる。

⑥ ハンバーグを器に盛りつけたら、大人用にはラディッシュの葉とラディッシュ、細切りにしたレタスを添えて完成！
（2～3さい）子供用には飾り切りしたラディッシュ（P143参照）、細切りレタスを添えて完成！

克服ポイント

変幻自在の豆腐が大活躍！

子ども達に大人気のハンバーグ。でも、お肉だけで作らないのができるママの証拠です。豆腐とれんこんを加えれば、低カロリーなのに栄養価はアップ！　お肉だけのハンバーグよりも、人気を獲得しちゃうかもしれませんよ。

papa & mama
パパも大満足
ハンバーグ
children
僕も私も大好き
ミニバーグ

おからサラダ

渋くて地味なおからだけれど、体にとってはヘルシーで栄養あり、おいしさありのとっても嬉しい食材です！

ざいりょう 大人②人＋子供①人

- おから……………………80g
- きゅうり…………………1/2本
- ハム………………………2枚
- Ⓐ塩、こしょう……………各少々
- Ⓐマヨネーズ………………大さじ2〜3

ステンレス製の鍋はくっつきやすいので、おからのから炒りにはフライパンが便利。パラパラになるまで加熱してください。

つくりかた ……親子一緒

1. フライパンにおからを入れ、2〜3分焦がさないようにから炒りして冷ましておく。
2. きゅうりとハムはみじん切りにする。
3. ①と②をⒶで和えて器に盛れば完成！

mama's point

おからはすぐに傷んでしまう繊細な食材。買ってきたら使う分を残し、ほかは冷凍してしまいましょう！　小分けにしておけば使う際にとっても便利です。ハンバーグ以外にも、煮ものにケーキにと広く活用できます。

克服ポイント

栄養の宝庫で腹持ちのよい食材！

おからは低カロリー食材代表。最近の健康ブームにより見直され始めたおからは、子どもにとってももちろんおすすめ。大人の食べものというイメージもありますが、多くの食材を体験して覚えたい幼児期に、是非試してみてください。

しっとりおから
にやみつき

ママのお悩みQ＆A

食べ方編②

ごはんは食べてくれるけど食べ過ぎ？
味つけの濃いものしか食べない！ 食べ散らかす！
子どもの食べ方はその子の個性と理解し、
ほかの子と比べたりせずに向き合いましょう。

Q3 食べ過ぎみたいだけど大丈夫？

A 基本的に幼児期の食事目安量は、大人の$\frac{1}{2}$程度。しかしこれ以上の量を食べていても、そんなに問題ではありません。子どもは発育過程なため、満腹中枢も未発達。お腹いっぱいという感覚が伝わりにくいのです。気をつけたいのは食べる量ではなく、その内容。高脂肪や塩分、糖分が多いものばかりを偏って食べていると肥満を招くだけでなく、生活習慣病にもなりかねません。たくさん食べられるのはいいことですが、栄養バランスにはきちんと気を配って、食事させるようにしましょう。「最近やたら太ってきた？」と心配なママは、母子手帳内の「乳幼児身体発育曲線」を参考に。大幅にはずれる、もしくは突然の体重の増加が目立つという場合は、食生活全般の見直しをしてみましょう。

Q4 味の濃いものしか食べない！

A 冷凍食品や菓子パン、ジュース、ファーストフードなどを頻繁に食べていませんか？ これらのものは味が濃く、化学調味料や添加物が入っています。偏った食事や、添加物の含まれる食品は子どもにとって、味覚障害を起こしやすくするもの。栄養素が偏ると亜鉛不足が生じ、味覚や臭覚を正常に保てなくなるのです。亜鉛が不足すると食材が持つ素朴な味わいがわからなくなり、濃い味のついた食品しかおいしいと感じられなくなります。幼児食の基本である薄味は、味覚を育てる上で実に重要な点です。飲みものに関しても、日常的にジュースやスポーツ飲料水などを飲ませていると、お茶や水を飲めなくなるというケースも。ジュースは特別な日の飲みものという位置づけにするといいでしょう。

Q5 ごはんをおもちゃにして汚しがち！

A すぐに席を立とうとして、じっとしていない、食べものをグチャグチャとさわる、わざとこぼす、気がそぞろなど、子どもは大人しくごはんを食べてくれないものです。ママを怒らせてしまうこともあるかもしれませんが、まずはきちんと食事に集中できる環境かどうかを確認しましょう。テレビがつけっぱなしではないですか？ おもちゃが近くに置いてありませんか？ 子どものイスはちょうどよい高さで（こどもの胸のあたりに机がくる）、食器は子どもに合わせたものですか？

子どもが落ちついて食事ができるようになるには、パパとママのサポートが必要です。また、食べもので遊ぶという行為は、食べものに興味があるというあらわれ。汚してしまうかもしれませんが、様子をみる余裕を持ちましょう。少しずつ〝食べものはおもちゃじゃない〟ということを覚えさせます。「じゃがいもさん○○ちゃんに食べて～っていってるよ」などと声をかけ、食べたらほめてあげましょう。

カトラリーは子どもが持ちやすいもの、好きなキャラクターがついているものがおすすめ。

食生活チェック

□ **運動していますか？**

子どもにとって遊びはとっても大切。なるべく毎日外で遊ばせて、体と心の成長を促しましょう。

□ **だらだら食べ続けていませんか？**

「そろそろおしまいね」とけじめある食事を。食べたがっても、遊びに誘うなど気をそらしてあげて。

□ **外食やお菓子、ジュースが多くなってませんか？**

外食や市販のお菓子はカロリーが高く、栄養も偏りがちです。ママの作るごはんでバランスのよい食事を。

□ **規則正しい生活をしていますか？**

食事の時間は毎日決められた時間にとるのが理想的。夜遅くにごはんを食べるのはNGです。

第4章

一緒に食べれば楽しさ100倍！ スペシャルレシピ

おやつをママと一緒に作ったり、
お友だちと一緒にランチを食べる
行事があればみんなでごはんを食べてお祝い！
いつもの食事よりも
はしゃいじゃうこと間違いなしの、
とにかくワイワイ楽しく食べられる
スペシャルなレシピをご紹介します。

りんごひと口パイ

手づかみで食べやすいスティックパイ
サクッパリッとひとかじりすれば、
とろとろの甘いりんごが詰まっています

ざいりょう 作りやすい分量

- りんご……1個
- A 砂糖……大さじ2
- A 塩……少々
- レモン汁……小さじ1
- B 溶き卵1個分＋水……大さじ1/2
- 冷凍パイシート……2枚

＊冷凍パイシートは1枚(75g)あたりが278キロカロリーとして、子どもの適量を計算しています。

仕上がりの1/6量(133kcal)が子どもの適量

mama's point

冷凍パイシートを使えば、簡単に作れるので子どもと一緒に楽しく作ってみてください。パイの形は子どもが持ちやすいスティック状にしています。クッキー型でハートや星、キャラクターなどの好きな形に抜くのもおすすめ！

つくりかた 親子一緒

パイ生地と、サンドされたりんごの果肉の食感の対比も楽しめるおやつ！

1. りんごは皮をむいて5㎜厚のくし形に切る。
2. 鍋（ホーローまたはステンレス）にAを入れて1を加え、10分加熱したらそのまま冷まして煮りんごを作る。
3. 冷凍パイシートは5分程度室温においたら、3㎝幅くらいの6等分に切り、**2をのせBを縁に塗り、もう1枚のパイシートを重ねる**。スティック状に切り分ける。
4. 3のパイの表面にもBを塗り、220度のオーブンで10分、180度で15分焼けば完成！

子どもお手伝いポイント 黄色マーカー

パイは控え、煮りんごのみを。煮りんごは味つけをしないか、ごく少量の調味料で作ります。

Baby 1さい

パイを
スティックに！

オレンジドーナツ

もちもち食感のドーナツは
オレンジの甘酸っぱい風味が活きている味
大人はラムレーズを加えてどうぞ

仕上がりの1/5量（162kcal）が子どもの適量

ざいりょう

作りやすい分量

Ⓐ ホットケーキミックス……150g
Ⓐ オレンジジュース……90cc
ラムレーズン……1/4カップ
揚げ油……適量
グラニュー糖……適量

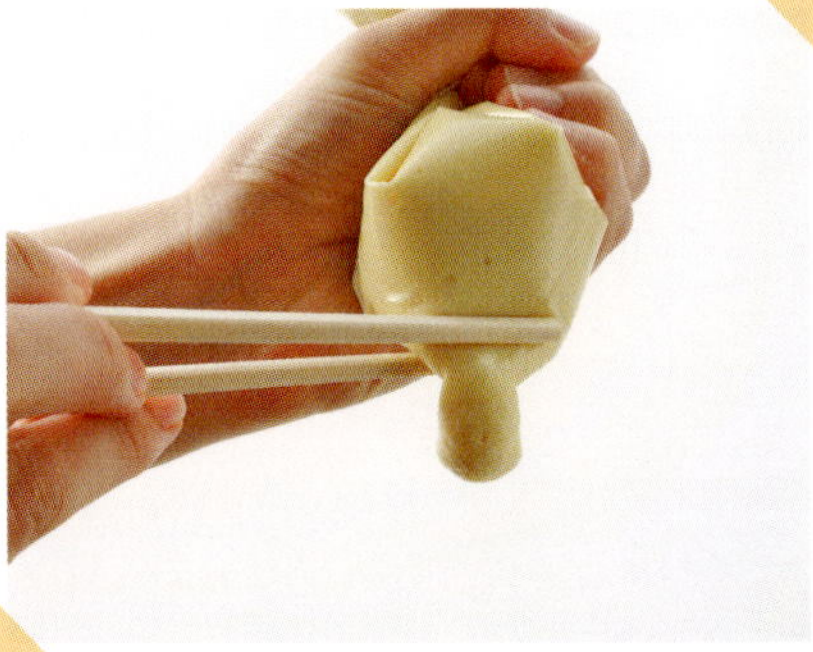

袋を使えば、均一に種を落としやすく、開ける穴の大きさによってサイズが変えられます。

つくりかた

おとな & 2〜3さい

① ボウルにⒶを入れて混ぜ合わせる。

② 揚げ油を160度に熱する。

①の1/5量をビニール袋に入れて端を切り、菜箸を使って1〜2cmくらいずつ落として色よく揚げる。

③ 残りの①の種にラムレーズンを加えて合わせ、スプーンで落とし、揚げる。

④ 揚げ上がった大人用と子ども用ともに、熱いうちにグラニュー糖をまぶして完成！

1さい

1歳さんには、ホットケーキミックスとオレンジジュースを合わせた生地の蒸しケーキを。

mama's point

オレンジの甘味が十分にするドーナツなので、まぶすグラニュー糖の分量は味をみて調節してください。グラニュー糖にシナモンやココアなどをお好みで混ぜ合わせて、味のバリエーションを楽しむのもgood！

papa & mama
ラムレーズン
入り！
children
ラムレーズン
抜きで

スティックパン

大人はまるまる丸めたかわいい形
子どもは持ちやすいスティック状に
焼きたてのおいしさを是非召し上がれ

ざいりょう

作りやすい分量

A
- 強力粉……250g
- イースト……小さじ1
- 砂糖……大さじ1・1/2

- 塩……小さじ1

B
- 卵(M)……1個
- 牛乳(35度程度)……120cc

- サラダ油……大さじ1
- 手粉用強力粉……適量

Baby 1さい

スティックパンは1歳さんにも持ちやすく、自分で食べる練習にもなっておすすめ。

仕上がりの1/7量(180kcal)が子どもの適量

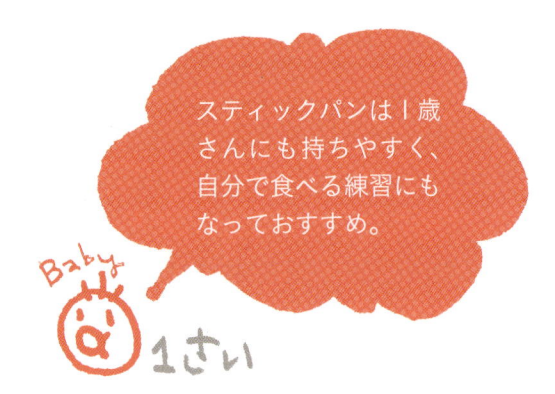

つくりかた

おとな & 2～3さい

1. AとBを合わせてよく混ぜた後、サラダ油を入れて3～4分よく練る。
2. ①をまとめてボウルに入れ、ラップをして38度の湯せんにかけて2倍の大きさになるまで発酵させる。
3. ②をパンチしてガス抜きをしたら15分おき、6/7量は8等分に分けて丸く成形する。

   残りの1/7量はスティック状に成形する。
4. 天板に③を並べてふきんをかぶせ、15分程度二次発酵させる。
5. ④がふくらんだら、180度のオーブンに入れて15分焼けば完成！

mama's point

生地をコネコネするのが大好きな子は多いのでは？　安全にできる楽しい作業なので、家族やお友だちと一緒に作ってみましょう。オーブンの中で膨らむパンを観察させてあげるのもおすすめ。最後まで工程を見せてあげると、より自分の作ったものに興味がわきます。

papa & mama
ふわふわ
まん丸パン
children
スティック
パン

おさつの蒸しケーキ

さつまいもの甘さがたまらない！
もちふわ蒸しケーキはヘルシーで
子どもにも最適なおやつです

もちっと
蒸しケーキ

仕上がりの
1/7量
(166kcal)が
子どもの適量

つくりかた ……親子一緒…… ざいりょう

作りやすい分量

さつまいも …… ½本（120g）

A
- 小麦粉 …… 100g
- ベーキングパウダー …………… 小さじ1

B
- 砂糖 ……… 大さじ3
- 卵（M）…… 2個
- サラダ油 … 大さじ2
- はちみつ … 大さじ2

1. さつまいもは1cm弱の角切りにして、くずれない位のやわらかさにゆでておく。Aはふるっておく。
2. ボウルにBを入れて合わせた後、Aを加えて混ぜ合わせ、さらに冷ましたさつまいもを加えて軽く混ぜる。
3. ②をカップに入れ、蒸し器で10分蒸せば完成！

Baby 1さい

はちみつやサラダ油を加えず、さつまいもをつぶして入れてあげましょう。

さわやかな
酸味のゼリー

キャロットゼリー

ヨーグルト入りのゼリーは
さっぱりとした味わい
なめらかな舌触りが◎

仕上がりの
1/5量
(86kcal)が子
どもの適量

つくりかた

親子一緒

1. にんじんは皮をむいて小さく切り、やわらかくゆでておく。
2. ゼラチンは大さじ3の水（分量外）を加えてしめらせる。
3. ①に砂糖と水を加えてミキサーにかけ、なめらかになったら裏ごしする。
4. ②を電子レンジに20秒かけて溶かし、Ⓐと一緒にボウルに移した③に加える。全体を混ぜ合わせたら器に流し入れ冷やし固めて完成！

ざいりょう

作りやすい分量

にんじん(中)…200 g
砂糖……………50 g
水 ……………2/3カップ
Ⓐ プレーンヨーグルト ……………1カップ
Ⓐ レモン汁…小さじ2
ゼラチン………10 g

ゼラチンの量を少なめにして、食感をとろとろにさせると食べやすくなります。

スペシャルレシピ品

ワイワイランチ1

しゅうまいは、包まず皮をのっけるだけの簡単タイプ。しゅうまいの大きさのみ作り分ければ、あとは親子で同じものをいただけるメニューです。もみもみ浅漬けは子どもに作ってもらいましょう！

P100〜117は大人２人と子ども２人分です

青菜入りのっけしゅうまい

ざいりょう　大人②人＋子供②人

- 豚ひき肉……100g
- 生しいたけ……1枚
- 玉ねぎ……1/4個
- ほうれん草……2株
- Ⓐ 塩、こしょう……各少々
- Ⓐ 片栗粉……大さじ3
- Ⓐ 酒……大さじ1
- Ⓐ しょう油……小さじ1
- Ⓐ 砂糖……小さじ1/3
- シュウマイの皮……12枚
- Ⓑ しょう油、酢、辛子……各適量
- パセリ、辛子、卵黄裏ごし……各適量

つくりかた

1. ほうれん草はゆでて水に放った後、細かく切って水気を絞る。生しいたけと玉ねぎはみじん切りにする。
2. しゅうまいの皮は5mm幅に細長く切る。
3. ボウルに①と豚ひき肉、Ⓐをすべて入れ、よく混ぜ合わせた後、大きめ10個、小さめ3個のボール状にする。
4. ③の上に②の皮をかぶせるようにのせて、オーブンシートを敷いた蒸し器に並べ、強火で12分蒸す。
5. ④を器に盛りつけ、大人用には辛子とパセリをのせてⒷを添え、子ども用には卵黄裏ごしをのせれば完成！

子ども用手順
緑マーカー

豆乳にんじんポタージュ

ざいりょう　大人②人＋子供②人

- にんじん……80g
- 玉ねぎ……50g
- Ⓐ ごはん……25g
- Ⓐ 固形スープの素……1/2個
- Ⓐ 塩、こしょう……各少々
- バター……大さじ1
- 豆乳……1カップ

つくりかた

1. にんじんと玉ねぎはそれぞれ1cmくらいの薄切りにする。
2. 鍋にバターを熱し①を炒めたら、Ⓐと水2カップ（分量外）を加えて、にんじんがやわらかくなるまで煮る。
3. ①の粗熱がとれたらフードプロセッサーにかけ、鍋にもどす。
4. ③に豆乳を加えて温め、器に盛れば完成！

フルーツヨーグルトサラダ

ざいりょう 大人②人＋子供②人

- キウイ……1/2個
- いちご……4粒
- バナナ……1/2本
- A
  - ヨーグルト……1・1/2カップ
  - はちみつ…大さじ3

つくりかた

① キウイ、いちご、バナナはそれぞれ細かく切る。

② ボウルにAを合わせて①を加え、混ぜて器に盛り、完成！

※ 1歳未満のお子様にははちみつを加えないで、フルーツだけの甘みにしてください。

もみもみ浅漬け

ざいりょう 大人②人＋子供②人

- キャベツ……2枚
- きゅうり……1本
- にんじん……20g
- 塩……小さじ1
- かつお節……1g

つくりかた

① キャベツはざく切りし、きゅうりは7㎜厚の小口切り、にんじんは千切りにする。

② ①をビニール袋に入れて塩をまぶし、軽くもむようにして空気をのぞき、15分おく。

③ ②を器に盛り、かつお節をかければ完成！

ワイワイランチ2

お皿や食材に色を入れて、
華やかなパーティランチに！
カップに入ったかわいいごはんは、
ほんのり甘いコーン風味
ミニトマトに具材を詰めれば、
かわいいバスケットサラダのでき上がりです

煮りんごとポロポロチーズのクレープ

ざいりょう 大人②人＋子供②人

- A
  - 小麦粉……50g
  - 砂糖……小さじ1
- 溶き卵……1個分
- 溶かしバター……大さじ2
- 牛乳(室温)……1/2カップ
- 煮りんご……1単位分(P92参照)
- B
  - 牛乳……1・1/2カップ
  - 酢……大さじ1

つくりかた

1. ボウルにAと溶き卵を入れて練り、溶かしバターを加え混ぜ合わせたら、牛乳を少しずつ加えて室温で1時間おく。
2. 鍋にBを入れて煮立て、ポロポロになってきたらふきんでこして、チーズを作る。
3. ①を熱したフライパンに少しずつ流し入れ、薄く伸ばしクレープを焼く。
4. ③に煮りんごと②をのせて包めば完成！

ミニトマトのカップサラダ

ざいりょう 大人②人＋子供②人

- ミニトマト……6個
- ロースハム……2枚
- ゆで卵……1個
- A
  - マヨネーズ……大さじ1
  - 塩、こしょう……各少々
- パセリ……適量

つくりかた

1. ロースハムとゆで卵は細かく切ってAで和える。
2. ミニトマトは半分に切って中身をくり抜く。
3. ②に①を入れ小さくちぎったパセリを飾れば完成！

カップライス

ざいりょう 大人②人＋子供②人

- 米……2合
- A
  - 固形スープの素……1/2個（くずしておく）
  - 塩……小さじ1/2
  - バター……大さじ1
- ホールコーン……1/2カップ

つくりかた

① 米は洗ってコーンの汁を合わせ、水を計量し、1時間おく。

② ①にAとコーンを加えて、通常通り炊いてカップに盛れば完成！

ツナボール揚げ

ざいりょう 大人②人＋子供②人

- じゃがいも（大きめ）……1個
- A
  - 玉ねぎ（すりおろし）……1/6個分
  - ツナ缶（小）……1個分（汁や油を切っておく）
  - 卵（M）……1個
  - パン粉……大さじ4
  - 塩……小さじ1/6
- B
  - カレー粉……小さじ1
  - 塩……少々
- 揚げ油……適量

つくりかた

① じゃがいもは皮ごと電子レンジにかけて（目安は100 gで2分）皮をむき、温かいうちにつぶす。

② ①にAを加えてよく混ぜたら、1/5量を別にし、小さなボール状に成形する。残りはBを加えて混ぜ、少し大きめのボール状に成形する。

③ ②を180℃の油で揚げれば完成！

バースデーランチ

年に一度の誕生日は豪華に盛大に祝いましょう！
ケーキはもちろん、子どもの好きな
ピザやスコッチエッグを登場させて
ポテトサラダはちょっとおしゃれにガトー風

カラフルピッツア

ざいりょう

直径21cmピザ2枚分（作りやすい分量）

Ⓐ
- 強力粉……150g
- ドライイースト……小さじ1
- 塩……ひとつまみ
- 砂糖……小さじ1
- オリーブ油……大さじ1・1/2
- ぬるま湯……75cc

Ⓑ
- トマトの水煮缶……1/2缶
- 塩、こしょう……各少々
- バジリコ……少々

Ⓒ
- 玉ねぎ（スライス）……1/6個分
- ピーマン（千切り）……1個分
- ベーコン（千切り）……2枚分

- ピザ用チーズ……適量
- その他打ち粉……適量

つくりかた

①ボールにⒶを入れて混ぜ合わせ、まとまってきたら台にとり出してよくこねる。生地の表面に薄く油（分量外）を塗ってボウルに入れ、ラップをして37～38度の湯せんにかけて2倍程度になるまで発酵させる。

②Ⓑを合わせて少し煮詰め、トマトソースを作る。

③①をとり出しガス抜きをした後、丸く伸ばしピザの台を作る。

④③に②のソースを塗り、Ⓒをのせてピザ用チーズをちらし200度のオーブンで17～18分焼けば完成！

＊残ったピザは冷凍して保存できます。

バースデーケーキ

ざいりょう

直径15cmケーキ型1台分

- 卵……2個
- 砂糖……50g
- 薄力粉（ふるう）……60g
- 溶かし無塩バター……大さじ1

Ⓐ
- 砂糖……大さじ1
- 水……大さじ1

Ⓑ
- 生クリーム……150cc
- 砂糖……小さじ1

- 好みのフルーツ……適量
- ミントの葉……適量

つくりかた

①ボウルに卵を割りほぐし、砂糖を加えてもったりするまで泡立てる。

②①に薄力粉を加えさっくり混ぜた後、溶かしバターをまわし入れて合わせる。

③②を型に入れて、180度のオーブンで20分焼く。

④Ⓐをレンジにかけて、砂糖を溶かす。Ⓑは合わせて8分立てにする。

⑤焼きあがった③の粗熱がとれたら、まわりに④のシロップ、ホイップクリームの順に塗って、好みのフルーツとミントの葉を飾ってでき上がり！

スコッチエッグ

ざいりょう

大人②人＋子供②人

- 肉団子の種（P22参照）……2/3単位
- ゆでうずら卵……6個
- 小麦粉、溶き卵、パン粉……各適量
- 揚げ油……適量

つくりかた

①肉団子の種を6等分して手に広げ、ゆでうずら卵をくるむ。

②①に小麦粉、溶き卵、パン粉の順につけて、170度の油で揚げれば完成！

ミニガトー型ポテトサラダ

ざいりょう

大人②人＋子供②人

- じゃがいも……2個
- 玉ねぎ……1/4個
- きゅうり……1本
- ゆで卵……2個
- Ⓐ
  - マヨネーズ……大さじ2
  - 生クリーム……大さじ1
  - 塩、こしょう……各少々
- 塩、ハム、きゅうり、ラディッシュ、にんじん……各適量

つくりかた

① じゃがいもはゆでてつぶし、塩少々をふっておく。玉ねぎは薄切りにし、サッとゆでる。きゅうりは薄切りにし、塩少々をふって15分おいて絞る。

② ゆで卵は白身と黄身に分け、白身はみじん切りに、黄身は裏ごしする。

③ じゃがいもと玉ねぎ、きゅうり、ゆで卵の白身をⒶで和え、4/5量を大人用の大きめセルクルで抜き、1/5量を子ども用の小さめセルクルで抜く。

④ ③に黄身のうらごしをまぶし、大人用にはラディッシュの薄切り、きゅうりの細切り、型抜きハムを飾り、子ども用には、ハート型に抜いて、水と一緒に電子レンジに1分かけたにんじん、きゅうりの細切り、型抜きハムを飾ってでき上がり！

＊セルクルがない場合は、牛乳パックを円型にしてセロテープでとめると同じ様に使えます。

お正月ごはん

新年には子どもと大人が一緒に食べられるおせち料理を鯛ごはんに、2つの卵料理、定番のきんとんとふさわしいメニューに、縁起もののエビが隠れている揚げもの（松ぼっくり）を召し上がれ！

鯛ごはん

ざいりょう 大人②人＋子供②人

- 米……2合
- 鯛(骨つき)……2切れ
- Ⓐ 塩……小さじ1/2
- しょう油……大さじ1/2
- Ⓑ 三つ葉……1/2株
- しょうが(千切り)……1/2片分

つくりかた

① 鯛は骨と身に分けて、骨は熱湯をかける。鍋に水4カップ(分量外)と骨を入れ、沸騰後アクをとりのぞき20分煮てザルでこし、煮出し汁を作る。

② 米は洗った後、冷ました①の汁を（足りなければ水を加えて）控えめに計量し、Ⓐを加えて鯛の身をのせ通常通りに炊く。

③ 炊き上がったら鯛の身をとり出してほぐし、ごはんに混ぜる。1/5量を子ども用にとり分け器に盛って完成！

④ 大人用にはⒷを混ぜて器に盛り、完成！

2色卵

ざいりょう　大人②人＋子供②人

- ゆで卵……3個
- Ⓐ
  - 砂糖……大さじ1
  - 塩……ひとつまみ

つくりかた

① ゆで卵は白身と黄身に分ける。白身は1cm角くらいに切っておく。

② 黄味は裏ごししてⒶを合わせる。

③ ②と白身を合わせてラップに包み、棒状に形作ってレンジで1分30秒加熱し、そのまま冷やしてでき上がり！

松ぼっくり

ざいりょう　大人②人＋子供②人

- むきエビ……50g
- 鶏胸肉(皮なし)……100g
- サンドイッチ用パン……4枚
- Ⓐ
  - 酒……大さじ1
  - 片栗粉……大さじ2
  - 溶き卵……1/2個分
- 塩……少々
- 松の葉(飾り用)……適量

つくりかた

① むきエビと鶏胸肉は、たたいてミンチ状にした後、Ⓐを加えて合わせる。

② サンドイッチ用のパンは、3mm角くらいに小さく切る。

③ ②をボウルに入れ、①を小さじ1程度落として手で包むように丸く形つくり、170度でまわりがキツネ色になるまで揚げる。松ぼっくりの上部に、短く切った松の葉を刺して完成！

※ 子どもが食べるときは、松ぼっくりに刺した松の葉をとってあげてください。

煮豆入りきんとん

ざいりょう　大人②人＋子供②人

- さつまいも……正味200g
- 煮豆(うずら豆・市販)……8個
- Ⓐ
  - 砂糖……40g
  - 塩……少々

つくりかた

① さつまいもは輪切りにし、皮をむいて水にさらしてアクをとった後、やわらかくゆでる。

② ①を熱々のうちにつぶして鍋に入れ、Ⓐを加えて練って水分をとばすように加熱する（目安は水をつけた手につかなくなるまで）。

③ ②を1/8量ずつラップにのせ、煮豆を上に置いて茶巾に絞れば完成！

だて巻き

ざいりょう　大人②人＋子供②人

- 卵……4個
- はんぺん……1枚
- Ⓐ
  - 砂糖……30g
  - みりん……大さじ1
  - 酒……大さじ1
  - 塩……少々
  - 片栗粉(水大さじ1を加えておく)……大さじ1

つくりかた

① はんぺんは1cm角くらいに切り、卵は割りほぐす。

② フードプロセッサーに①とⒶを入れ、ドロドロになるまでよく混ぜ合わせる。

③ フライパンに油適量(分量外)を敷き、②を一度に流し入れて、弱火でフタをして焼く。

④ ③の上部がプツプツしてきたら裏返して強火で1分焼き、熱いうちにすし用すだれで巻く。冷めたら食べやすい大きさに切ってでき上がり！

クリスマスごはん

星や雪だるまがたくさんの遊び心あふれる献立！
見ているだけで楽しいから、食べるのがもったいないかも？
サンドイッチの型抜きは子どもと一緒に作ってみてください

リース蒸しケーキ

ざいりょう 15㎝リング型1台分

- A
  - 薄力粉……70g
  - ココア……大さじ2
  - ベーキングパウダー 小さじ$\frac{1}{2}$
- 卵……2個
- 砂糖……40g
- サラダ油……適量
- 粉砂糖……適量
- ミントの葉……適量
- クリスマス用飾り……適宜

つくりかた

1. 卵をボウルに入れて砂糖を加え、もったりとするまで泡立てる。
2. 1に合わせてふるったAを加えてさっくりと混ぜ合わせ、油を塗った型に入れる。
3. 2にラップをして、型の下に割り箸を2本置き、電子レンジで3分加熱する。粗熱がとれたら粉砂糖をふり、ミントの葉とクリスマス用飾りをのせて完成！

星型にんじん入りミートローフ

ざいりょう 大人②人＋子供②人

- 合いびき肉……240g
- にんじん（太めのもの）…1/2本
- 生パン粉……20g
- 牛乳……大さじ2
- 玉ねぎ（中）……1/4個
- バター……小さじ1
- Ⓐ
  - 塩、こしょう……各少々
  - 溶き卵……1/2個分
- サラダ油……大さじ1
- Ⓑ
  - ケチャップ……大さじ3
  - ウスターソース……大さじ1
  - 塩、こしょう……各少々
- ゆでブロッコリー……各適量

つくりかた

① にんじんは長めの星型に抜いてやわらかくゆでておく。

② パン粉は牛乳をかけておく。玉ねぎはみじん切りにしてバターをのせ、ラップをして電子レンジに1分かけ、冷ます。

③ ボウルに合いびき肉を入れ、ペースト状になるまで手でよく練り、②とⒶを加えて混ぜ、さらによく練り合わせる。

④ オーブンシートの上に③の種を広げ、中心に①のにんじんをのせてくるっと巻き、巻き終りを下にして上からサラダ油をかけて190度のオーブンで20分焼いて一度とり出し、Ⓑをかけて再び7～8分焼く。

⑤ 器に④のミートローフをのせ、ブロッコリーを添えて完成！

型抜きサンドイッチ

ざいりょう 大人②人＋子供②人

- サンドイッチ用パン…4枚
- バター（室温）……大さじ1
- スライスチーズ……2枚
- ロースハム……2枚

つくりかた

① サンドイッチ用パンにバターを薄くぬる。

② ①にスライスチーズとロースハムをはさんで、好きな型で抜けば完成！

雪だるまのゼリー

ざいりょう 大人②人＋子供②人

- ゼラチン……10g
- 牛乳……1・1/2カップ
- 砂糖……大さじ3
- チョコレート……1/10枚
- ミントの葉……適量
- にんじんの甘煮…適量

つくりかた

① ゼラチンは水50cc（分量外）を加えてしめらせておく。

② 鍋に牛乳と砂糖を入れて少し温め、砂糖を溶かす。

③ ①を電子レンジに20秒～30秒かけて溶かし、②と合わせたらバットに流し入れ、冷やしかためる。

④ チョコレートを湯せんにかけて溶かし、底がたいらな小さめの容器に入れて薄く伸ばし、軽くかためる。

⑤ 大小の丸型で③を抜いて皿に並べ、④をストローなどで抜いて目とボタンを、にんじんの甘煮で口と帽子をつけ、ミントの葉を飾ればでき上がり！

ひなまつりごはん

定番ちらしずしはとびきり彩りよく！
旬のはまぐりを使ったグラタンはひと口で食べられる絶品メニュー
デザートにはいちごにチョコの甘〜いひとときを楽しんで

はまぐりのグラタン

ざいりょう 大人②人＋子供②人

はまぐり(小さめ)……8個
鶏ひき肉……50g
Ⓐ
溶き卵……大さじ2
パン粉……大さじ2
みそ……小さじ1
パン粉……大さじ3
バター……大さじ2

つくりかた

① はまぐりはよく洗い、鍋に水1/2カップ（分量外）とともに入れフタをして蒸し煮する。

② ①の身をとり出し包丁でたたいてミンチにし、鶏ひき肉とⒶと合わせる。

③ ②をはまぐりのカラに入れてパン粉をかけ、バターをのせて200度のオーブンで7〜8分焼いて完成！

いちごチョコレート

ざいりょう 大人②人＋子供②人

いちご……8粒
板チョコレート…30g

つくりかた

① チョコレートは湯せんにかけて溶かす。

② いちごに串を刺し①のチョコレートをつけ完成！

はんぺん花のお吸いもの

ざいりょう 大人②人＋子供②人

はんぺん……1/2枚
ほうれん草…1株
にんじん……適量
Ⓐ
和風だし2・1/4カップ
塩……小さじ1/2弱
みりん…大さじ1

つくりかた

① ほうれん草はゆでて3㎝に切る。にんじんは花形に抜いてゆでておく。

② 鍋にⒶを煮立てて花型に抜いたはんぺんを入れ、ひと煮立ちさせる。

③ お椀に①と②を入れて完成！

春のちらしずし

ざいりょう 大人②人＋子供②人

米……2合
Ⓐ
酢……大さじ3
砂糖……大さじ2
塩……小さじ1/2
白いりごま……大さじ1
エビ(小さめ)…8尾
卵……1個
Ⓑ
砂糖……小さじ1/2
塩……少々
にんじん……4㎝
絹さや……4枚

つくりかた

① 米は洗って少し控えめの水を計量し、1時間おいて普通に炊き、Ⓐを加えてすし飯を作り、白いりごまを混ぜる。

② エビは背ワタをとりのぞき、ゆでてカラをむき、塩少々をふる。

③ 卵は深めのカップに入れてほぐし、Ⓑを加えて電子レンジに30秒かけたら一度とり出して混ぜ、さらに20秒かけて混ぜ、いり卵をつくる。

④ にんじんは花型に抜いて薄く切り、水1/2カップ（分量外）を加え電子レンジに1分かける。絹さやはゆでて細切りする。

⑤ 器にごはんを盛って②、③、④を飾ってでき上がり！

子どもの日のごはん

こいのぼり形ハンバーグと車形たけのこごはんにきっと大喜び！
はちまきをしたたこさんウインナーは応援してくれているよう
男の子の好きなものをぎゅっと集めたメニューです

こいのぼりハンバーグ

ざいりょう　大人②人＋子供②人

- 合びき肉……150g
- 玉ねぎ……1/6個
- サラダ油……小さじ1/2
- Ⓐ パン粉……大さじ2
- Ⓐ 牛乳……大さじ1
- Ⓐ 卵……大さじ1
- Ⓐ 塩、こしょう……各少々
- Ⓐ ナツメグ……適量
- サラダ油……小さじ1
- ケチャップ……適量
- きゅうり、ミニトマト、オリーブ、パセリの茎、オリーブ(目)、オリーブ(ポール頭)、きゅうり(うろこ)、パセリの茎(ポール)……各適量

つくりかた

① 玉ねぎはみじん切りにし、サラダ油を加え、電子レンジで1分加熱する。

② ボウルにひき肉とⒶの材料、①を入れてよく練り、1/5量と4/5量に分ける。1/5量は小さめの筒型、4/5量はさらに2等分にして大きめの筒型に作る。

③ フライパンにサラダ油を熱し、②をフライパンに入れ両面を焼き、中まで火を通す。

④ ③のフライパンにケチャップを入れ、煮詰めてからめる。

⑤ ④を皿に盛り、きゅうりは尾とうろこに、オリーブは目に、オリーブとパセリの茎でポールを作って完成！

たこさんウインナー

ざいりょう　大人②人＋子供②人

- ウインナー……6本
- 黒ごま(目)……12粒
- のり(はちまき)…細めのもの2本
- 油……適量

つくりかた

① ウインナーは下半分に切れ目を入れ8本の足をつくり、(長ければ下部を少々切りとる) 油で揚げるかフライパンで焼く。

② たこウインナーにごまで目を作り、のりではちまきをしてピックを刺してでき上がり！

たけのこごはん

ざいりょう　大人②人＋子供②人

- 米……2合
- Ⓐ しょう油…小さじ1
- Ⓐ 酒……小さじ1
- Ⓐ 塩……小さじ1/2
- Ⓐ みりん……小さじ1
- ゆでたけのこ…100g
- ハム、きゅうり、オリーブ、白ごま、のり、煮豆……各適量

つくりかた

① 米は洗って水を計量し、1時間おく。

② ゆでたけのこは小さめに切る。

③ ①の米にⒶと②を加えて通常通りに炊く。

④ ③が炊き上がったら、大人用は茶碗に盛り白ごまをふる。子ども用は車形に型抜きし、窓とタイヤはのりとハムで、ヘッドライトはオリーブで、パトランプは煮豆で作って完成！

草団子

ざいりょう　大人②人＋子供②人

- 団子の粉……150g
- 春菊……2株
- 水……120cc
- Ⓐ きな粉…30g
- Ⓐ 砂糖……30g
- Ⓐ 塩……少々

つくりかた

① 春菊は葉のみをゆでて一度冷水に放ち、包丁でたたいて細かくして水気を絞る。

② 団子の粉に水を加えよく練った後、①を加えて丸め、沸騰した湯の中でよくゆで、浮かびあがったらそのまま2～3分ゆでる。

③ ゆで上がっただんごの水気を切り、合わせたⒶをまぶして完成！

春のおでかけ弁当

手づかみで食べやすいおいなりさんとのり巻きを主役に
エビバーグはうま味凝縮！　ミモザサラダで彩りを添えて
いちごかんてんからは春の季節感が漂います

カラフルのり巻き

ざいりょう　大人用太巻き1本、子ども用細巻き1本分

- すし飯……300g
- A
  - 卵……1個
  - 砂糖、塩 …各少々
- きゅうり……1/2本
- パプリカ赤、黄…各1/8個
- ハム……4枚
- 焼きのり……1・1/2枚

＊すし飯はP111を参照

エビバーグ

ざいりょう 大人②人＋子供②人

A
- いか(身のみ皮なし)……1パイ分
- むきエビ……100g
- 鶏ひき肉……50g

B
- 片栗粉……大さじ2
- 卵白……1個分
- 塩……少々

C
- 千切り大葉……4枚
- もみのり……1/2枚分

- サラダ油……大さじ1
- 白いりごま……適量

つくりかた

1. いかは2cm幅に切っておく。
2. ①とA、Bを合わせてフードプロセッサーにかける。
3. 子ども用に②を1/5量とり分け、フライパンにサラダ油を熱し、種を大さじ1ずつ2枚落とし、平らにする。上面に白いりごまをふり、両面焼けば完成！
4. ②の残り大人用4/5量にはCを加えて混ぜ、片面に白いりごまをつけて、フライパンに大さじ2ずつ落として両面焼けば完成！

ミモザサラダ

ざいりょう 大人②人＋子供②人

- キャベツ……1枚
- きゅうり……1/2本
- ミニトマト……2個
- ラディッシュ……1個
- ゆで卵……1個

A
- 酢……大さじ1/2
- 砂糖……小さじ1
- サラダ油……大さじ2
- 塩、こしょう……各少々

つくりかた

1. キャベツはサッとゆでて、1cm幅に切る。
2. ミニトマトは1/4に切り、ラディッシュは薄切りにする。きゅうりは小口切りにし、塩をふり15分おいて絞る。
3. ゆで卵は粗みじんに切る。
4. ①、②を器に盛り、③をのせて合わせたAのドレッシングをかける。

つくりかた

1. Aは合わせて厚焼き卵をつくって、棒状に切る。
2. きゅうりとパプリカ、ハムは細切りにする。
3. 大人用は巻きすだれの上に焼きのりを置き、上にすし飯を広げ、①と②を中心にして巻く。子ども用は細巻きを作る。

おいなりさん

ざいりょう 大人②人＋子供②人

- 油揚げ……3枚

A
- だし汁……1/2カップ
- しょう油……大さじ1・1/2
- 砂糖……大さじ2

- すし飯(P111参照)……300g
- 白きりごま……大さじ2

つくりかた

1. 油揚げは半分に切って袋状に開き、サッとゆでて油抜きし、Aで煮て冷ます。油揚げを軽く絞って2枚分を大人用とする。子ども用（1枚分）は半分になった油揚げをさらに三角に切る。袋になっていない油揚げは千切りにして、すし飯に混ぜる。
2. すし飯に白きりごまを混ぜ、大人用、子ども用それぞれの油揚げに詰めれば完成！

いちごかんてん

ざいりょう 大人②人＋子供②人

- 粉寒天……2g
- 水……1/2カップ
- 牛乳……150cc
- 砂糖……50g
- いちご……6粒

つくりかた

1. 鍋に粉寒天と水を入れて、沸騰後1分煮る。
2. ①に砂糖を加え、溶けたら牛乳も加える。
3. いちごを4等分に切って、少し冷めた②に加えて型に入れて冷やす。
4. かたまったら食べやすい大きさに切ってでき上がり！

秋のおでかけ弁当

お弁当でも薄味で食べやすいことが基本！
メンチカツにはスティックをつけてあげるなどのひと工夫を
ウインナーおにぎりはきっと誰もが虜になるおいしさです

ゆで野菜のサラダ

ざいりょう 大人②人＋子供②人

- ブロッコリー……1/4個
- カリフラワー……1/4個
- にんじん……30g
- A マヨネーズ……大さじ2
- 　塩、こしょう……少々
- 梅干し（果肉のみ）……1個分

つくりかた

1. ブロッコリーとカリフラワーは小房に分けて、にんじんはいちょう切りにして、それぞれゆでておく。
2. 梅干しはたたいてAの4/5量に混ぜ大人用とする。
3. 1を梅の入っていない1/5量と入っている2とで和え、子ども用のできあがり。

ウインナーおむすび

ざいりょう 大人②人＋子供②人

- ごはん……450g
- ウインナー……4本
- 塩……適量
- 焼きのり……1枚

つくりかた

1. ウインナーは小口切りにして、油小さじ1（分量外）を熱したフライパンで炒めておく。
2. ごはんにウインナーを入れて大人用は大きめの三角、子ども用は小さめの三角のおむすびにし、塩少々をまぶして焼きのりを巻いて完成！

秋のフルーツカクテル

ざいりょう 大人②人＋子供②人

- なし……1/2個
- 柿……1/2個
- ぶどう（大きめのもの）……10粒
- キウイ……1/4個
- A 砂糖……大さじ2
- 　水……大さじ5
- ミントの葉……適量

つくりかた

1. Aを合わせて鍋に入れ、温めて砂糖を溶かし冷やしておく。
2. なし、柿、キウイは小さめに切る。ぶどうは洗う。
3. 1と2を合わせて器に盛り、ミントの葉を飾って完成！

鮭の甘みそ焼き

ざいりょう 大人②人＋子供②人

- 生鮭……400g
- 塩……少々
- A 白みそ……大さじ2
- 　みりん……大さじ1
- 七味唐辛子……少々

つくりかた

1. 生鮭を斜め薄切りし塩をふった後、合わせたAを塗っておく。
2. 1の1/5量をオーブントースターで少し焼き色がつくまで焼く。
3. 残りを大人用とし、鮭に七味唐辛子をふって、同じように焼いて完成！

メンチカツ

スティックをつければとっても食べやすい！

ざいりょう 大人②人＋子供②人

- 合びき肉……180g
- A キャベツ……1枚
- 　玉ねぎ……1/4個
- 塩、こしょう……各少々
- 小麦粉、溶き卵、パン粉……適量
- 揚げ油……適量

つくりかた

1. Aはみじん切りにする。
2. ボウルに合いびき肉を入れてよく練った後、1と塩、こしょうを加えて混ぜる。
3. 2の4/5量を大人用とし平丸型に、残りは子ども用としてスティックにつけ、小麦粉、溶き卵、パン粉の順につけて、170度の油で揚げて完成！

mama's worry column

ママのお悩みQ＆A

マナー編

食べ方と同様に気になるのが、食事の際のマナー。追いつめるように教えては子どもは嫌になるだけ！子どもが自然とマナーを身につけられるよう、食環境を整え、ママが上手に先導してあげましょう。

Q1 フォークやスプーンへの移行はどのタイミング？

A

手づかみ食べをしているお子さんでしたら、自発的に食べようという意欲があるので、スプーンやフォークを用意し、使い方を見せてあげたり、手助けして持たせ、口まで手を添えて運んであげるようにしましょう。何回か使い方を手伝っていれば、徐々に自然とひとりでも使えるようになるはずです。スープやヨーグルトを食べるときや、肉団子などスプーンやフォークを使った方が食べやすい場面で試してみてください。お箸に関しても同様に、見よう見まねで自分から使い出すようにサポートを。あまり初めから厳しく正しい持ち方、食べ方を教え込もうとすると、使うこと自体を嫌がるようになってしまうので、ゆっくりと時間をかけましょう。上手にできたらしっかりと褒めてあげることも忘れずに。カトラリーは子ども用の使いやすいものを用意しましょう。

Q2 食べることに集中せず、遊びたがる！

A

ごはんと遊びのけじめがつかないと、子どもの心は食事に集中してくれません。ごはんの時間をきちんと決め、その時間が近づいてきたら徐々に呼びかけをし、遊びに区切りがつくよう働きかけます。遊び足りない状態だと、どうしても食事をする気分にはならないので、気が済むまで待ってあげることも必要です。また、子どもは同じ行動をするのが好きなので、毎日遊びから食事までの流れを覚えさせるのも効果的です。おもちゃを片づけたら手を洗い、エプロンをつけ、椅子に座る。この一連の行動を覚えさせることで、自然と食事をするという意識に切り替わります。テレビを見ながらごはんを食べるお家は、気が散るので消すようにしましょう。

食べものを触っておもちゃにしがちなお子さんには、根気よく「おもちゃにしてはダメよ」という声かけをすること。「お野菜を食べると元気になるんだよ」など、食べものに対する興味を抱かせる会話をするのもコツです。手を洗ったり、「いただきます」「ごちそうさま」などのしつけも、食事をする上での習慣だということを毎日の繰り返しで伝えるようにしましょう。

ごはんを食べる際の年齢別行動について

初発年齢	摂食行動の内容
1歳前半	自分でコップを持って飲む 30分前後で食べ終わる
1歳後半	自分でお椀を持って飲む 自分でスプーンを持って食べる 自分で食べたがる 家族と食べられる
2歳前半	こぼさないで飲む スプーンと茶碗それぞれの手に持って食べる 食事のあいさつができる
2歳後半	自分ひとりでだいたい食べられる
3歳	箸を使う 箸と茶碗それぞれの手に持って食べる
4歳	こぼさない 自分ひとりで食べられる よくかんで食べる

※初発年齢:3/4のこどもが初めてできた年齢
※出典:『小児栄養と食生活』(医歯薬出版)

第5章

保存食で作る
簡単こどもごはん
保存レシピ

忙しいパパとママは保存食を
大いに有効活用して。
冷凍のコツさえマスターすれば、
作り立てのおいしさをできるだけ落とさずに、
お腹のへった子どもに食べさせることができます。
電子レンジで温めるだけの速攻レシピと
保存食のアレンジレシピをご紹介します。

保存食をおいしく食べるための フリージング術

忙しいとき、子どもがごはんを待てないとき、何かもう一品欲しいとき、ママが困ったときに大活躍してくれるのは、そう保存食！　ここでは食材や料理を保存するときの上手な方法をご紹介します

うま味を逃さず冷凍するには？

1 ひと手間を惜しまずに

調理済みの料理、もしくは余った料理を冷凍する際はそのまま包んで冷凍すればOKですが、たとえば素材そのものを冷凍するといった際は、下ごしらえや下味をつけるひと手間を加えるようにしましょう。野菜ならばゆでておく、肉ならば加熱し味をつける、魚ならば腹わた、うろこをとる下処理を。また切って小分けにしておくこともコツです。うま味を逃しにくく、また食べるときにより簡単に調理することができます。

2 急速冷凍が基本

ゆっくり時間をかけて冷凍すると食品の細胞膜は壊れてしまいます。細胞膜が壊れるとうま味や栄養分がどんどん失われ、結果「冷凍すると風味が落ちる」ということに。防止策として大切なのはとにかく早く食品を凍らせること。理想は30分以内です。お使いの冷蔵庫によっては難しい場合があるかもしれませんが、冷気の伝わりが早いアルミトレイなどにのせるなど、ポイントをおさえれば冷凍スピードは格段に上がります。

3 小分けにし、たいらに冷凍！

冷凍したい食品は、まず一度に食べきれる分、ひとり分など小分けにしてラップなどで包みます。そしてたいらにできるものは、なるべくたいらにしましょう。ムラなく均一にすばやく冷凍でき、冷凍庫内のスペースもムダなく使えます。この状態でアルミトレイにのせ、急速冷凍したらフリージングパックなどに入れて空気を抜いた真空状態にすることで、おいしさを極力損なわずに保存することができます。

フリージンググッズ

□アルミトレイ

急速冷凍を行うための強力アイテム。アルミカップやお菓子の缶などを使っても同じような効果が得られます。

□製氷皿

だし汁やスープ、ホワイトソースなど液体を冷凍するときに便利。空気に触れないフタつきの製氷皿もあります。

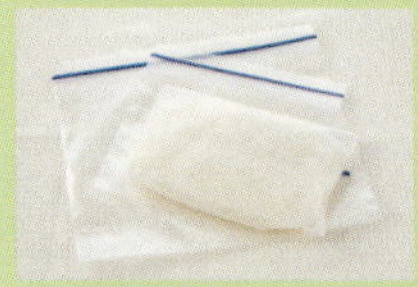

□フリージングパック 袋形

ラップで包んだだけでは酸化しやすいため、空気を遮断できるフリージングパックできっちり密封しましょう。

□フリージングパック 箱形

冷凍用の容器は空気を通しにくく、袋形同様密封性が高い作り。そのまま電子レンジにかけられる便利タイプもあり。

おいしく食べられる解凍の仕方は？

冷蔵庫でゆっくり解凍が理想！

冷凍時にどういった状態で保存したかにもよりますが、うま味の損失を最小限におさえるには、冷蔵庫に移して時間をかけて解凍するのが一番です。また、常温で自然解凍するのもおいしさを逃しにくい方法。ただし、夏場など室温が高い場合は避けた方がいいでしょう。もちろん電子レンジでチン！　はとっても便利。シチュエーションに合わせた解凍法を選んでください。

食品別解凍法

ごはんやパン

ごはんはラップに包んだままで電子レンジ加熱、パンはそのままオーブントースターで焼けばおいしく食べられます。

調理したおかず

ほとんどのものが電子レンジ加熱でOK。揚げものなどは冷蔵庫で自然解凍し、オーブンかトースターで加熱します。

魚や肉などの素材

汁が出るので、ラップから出しクッキングペーパーなどにのせて電子レンジで加熱。もしくは冷蔵庫でゆっくり解凍。

野菜

ゆで野菜は電子レンジで加熱か熱湯にくぐらせ解凍。香味野菜はみじん切りにして冷凍すれば、そのまま料理に使えます。

冷凍焼きおにぎり

とにかく子どもを待たせない！

ざいりょう

作りやすい分量

ごはん……………………150ｇ
しょう油……………小さじ１弱
白ごま………………大さじ１・½

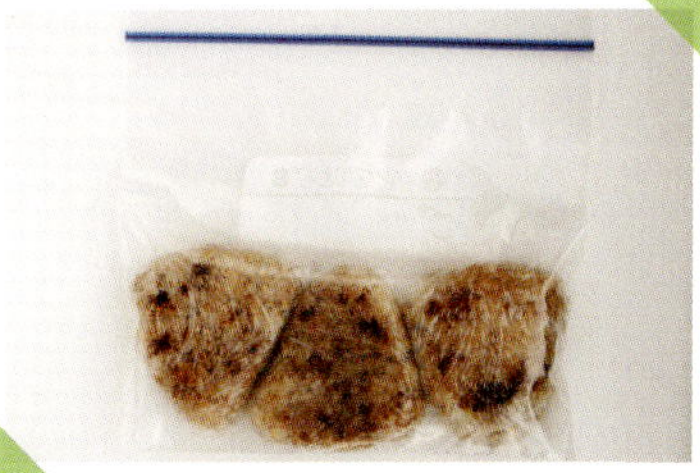

食べるときは、電子レンジで２分加熱。解凍したては熱いので子どもがやけどしないよう注意。

つくりかた

① ごはんに白ごまを混ぜて50ｇずつの三角おにぎりを作り、少し表面を乾かす。

② ごく薄くフライパンにサラダ油を敷き、①の両面に焼き色をつけたらしょう油を塗り、もう一度軽く焼く。

③ ②の粗熱をとったらラップに包み冷凍する。

冷凍ミニグラタン

オーブントースターで焼けば作り立てに!

ざいりょう

作りやすい分量

玉ねぎ……………… 1/4個
ベーコン………… 1枚
ゆでマカロニ …… 1/4カップ
トマトソース …… 2/3カップ
パン粉…………… 適量
バター…………… 適量
サラダ油………… 小さじ1
塩、こしょう …… 各少々

食べるときは、電子レンジで1分加熱した後、耐熱器に入れてオーブントースターで色よく焼く。

つくりかた

① 玉ねぎは薄切りにし、ベーコンは千切りにしておく。

② フライパンにサラダ油を熱し①を炒めたら塩、こしょうで味をつけ、トマトソースとゆでマカロニを加え2〜3分煮る。

③ ②を等分に分けてパン粉、バターをのせラップに包んで冷凍する。

冷凍ゆで鶏

この方法で冷凍すれば解凍後もとってもジューシー！

ざいりょう

作りやすい分量

鶏むね肉………… ½枚(65ｇ)

A 塩、こしょう … 各少々
A 酒…………… 大さじ1

食べるときは、冷蔵庫で自然解凍するか、電子レンジで50秒加熱した後、耐熱容器に入れてオーブントースターで色よく焼く。

つくりかた

1. 鶏むね肉は厚さを均一にして、Aをふりかける。
2. 鍋に水を入れ沸騰したら1を入れて、30秒加熱したら火を止めてそのまま15分おく。
3. 粗熱をとったら2をさいて、冷凍用保存袋に入れて冷凍する。

ドライカレー

電子レンジで作れる！お手軽カレー

ざいりょう

作りやすい分量

- 合びき肉……………… 100g
- A
  - 玉ねぎ …………… $\frac{1}{4}$個
  - にんじん ………… $\frac{1}{4}$本
  - セロリ …………… $\frac{1}{4}$本
- 幼児用カレールウ …… 10〜15g（細かく切っておく）
- ケチャップ…………… 大さじ2
- パセリのみじん切り … 適量

食べるときは、必要量を手で割ってとり出し、電子レンジで1分（1人分）加熱（途中で混ぜるとよい）。器にごはんと一緒に盛りつけ、パセリのみじん切りをのせる。

つくりかた

1. Aの材料はすべて粗みじんに切り、耐熱ボウルに入れラップをして電子レンジで1分加熱する。
2. 1に合びき肉とカレールウを加えてよく混ぜ、ラップをして再度電子レンジで3分加熱する。一度とり出して混ぜ、ラップをはずしてさらに3分加熱し、塩、こしょうで味を調える。粗熱をとってラップに包んで冷凍する。

冷凍煮豆

時間がかかるものこそ、作りおきして冷凍！

ざいりょう

作りやすい分量

うずら豆………… 1カップ
砂糖……………… 50g
塩………………… 少々

食べるときは、冷蔵庫で自然解凍か、電子レンジで1分30秒加熱する。

つくりかた

1. 豆はたっぷりの水を加えて一晩おく（夏は冷蔵庫で）。
2. ①の豆を鍋に入れて、かぶるくらいの水を加え、沸騰後1分煮て湯を捨てる。
3. ②に豆から2cmくらいの高さまでの水を入れ、沸騰後フタをして豆がやわらかくなるまで弱火で1時間程度煮る。
4. ③のフタをとり、砂糖を3回に分けて加えながら煮て、最後に塩を加えて煮上げる。粗熱をとって冷凍用保存袋に入れて冷凍する。

ベース1

ホワイトソース

ホワイトソースは
作るのが難しいんじゃない？
そんなママも心配ご無用
電子レンジでできちゃう
作り方を紹介します

保存期間

冷凍　3週間

冷蔵　1～2日

ざいりょう

作りやすい分量

- バター……………大さじ2
- 薄力粉……………大さじ3
- 牛乳(常温)………1・$\frac{1}{2}$カップ
- 塩、こしょう……各少々

つくりかた

1. 耐熱ボウルにバターを入れ、ラップなしで電子レンジで30秒加熱する。
2. 1に薄力粉を加えて混ぜた後、牛乳を少しづつ加えて塩、こしょうをふり、ラップをし、電子レンジで5分加熱する。一度とり出し混ぜさらに2分加熱。最後によく混ぜ合わせて完成(トロミが足りないときは、さらに1～2分加熱する)！

活用ポイント

どんな具材とも合う万能ソース。子どもの好きなクリーミーな味を活かし、野菜や魚など苦手なものと合わせるのもおすすめ！

アレンジ 1

和えて煮るだけ！朝食にも！

ブロッコリーのホワイトソース煮

ざいりょう

大人②人 ＋ 子供①人

- ホワイトソース…$\frac{1}{2}$カップ
- 塩、こしょう ……各少々
- ブロッコリー……$\frac{1}{4}$個
- ゆで卵……………1個

つくりかた

1. ブロッコリーは小房に分けてサッとゆでておく。ゆで卵は粗みじん切りにする。
2. 1をホワイトソースと塩、こしょうで和えて完成！

アレンジ 2

和えて焼くだけ！ホクトロ食感

かぼちゃのホワイトソース焼き

ざいりょう 大人②人＋子供①人

ホワイトソース … 1/2カップ
塩、こしょう …… 各少々
かぼちゃ ………… 200g
バター …………… 大さじ2

つくりかた

1. かぼちゃは1cm厚に切って、くずれないようにゆでる。
2. ①をホワイトソースと塩、こしょうで和える。
3. ②にパン粉をふり、バターをちらしてオーブントースターで色よく焼いてでき上がり！

アレンジ 3

魚ギライもおいしく食べられる！

魚のホワイトソース煮

ざいりょう 大人②人＋子供①人

サワラ …………………… 2切れ
塩、こしょう ………… 各少々
玉ねぎ …………………… 1/4個
しめじ …………………… 1/2パック
Ⓐ ホワイトソース … 1/2カップ
Ⓐ 塩、こしょう …… 各少々
Ⓐ 粉チーズ ………… 大さじ1
サラダ油 ……………… 大さじ1

つくりかた

1. サワラは2cm厚に切って塩、こしょうをふっておく。しめじは小分け、玉ねぎは5mmに切っておく。
2. フライパンにサラダ油大さじ1/2を熱し、サワラの両面を焼いて一度とり出し、残りのサラダ油を熱し、玉ねぎとしめじを炒める。
3. ②にサワラを戻しⒶを加えて、ふつふつとなるまで煮る。

ベース 2

トマトソース

作り方はいたって簡単
ベースを作るのに時間が
かかっては意味がない
そんなとき頼りになるのは、
やはり電子レンジ！

ざいりょう 作りやすい分量

- トマト水煮缶（くずす）…1缶
- Ⓐ にんにく…1/2片
- Ⓐ 玉ねぎ…1/4個
- オリーブ油…大さじ1
- Ⓑ ローリエ…1枚
- Ⓑ 塩…小さじ1/2
- Ⓑ こしょう、バジル…各少々

つくりかた

① Ⓐはそれぞれみじん切りにする。

② 耐熱ボウルに①を入れてオリーブ油をまわし入れ、ラップをして電子レンジで2分加熱する。

③ ②にトマト水煮とⒷを入れて混ぜ、ラップをして2分加熱後、ラップなしでさらに2分加熱してでき上がり！

保存期間

冷凍 3週間

冷蔵 1〜2日

活用ポイント

ごはんものに合わせるにはもってこい！ 煮詰めれば、お肉やお魚のソースにも使えるから、作りおきしておくとレシピの幅が広がります。

アレンジ 1

ランチメニューにも最適

スパゲッティーナポリタン

ざいりょう

大人②人＋子供①人

- トマトソース…1/2カップ
- 玉ねぎ…1/4個
- ウインナー…3本
- 塩、こしょう…各少々
- スパゲッティー…180g
- サラダ油…大さじ1
- 粉チーズ…適量
- タバスコ…適量

つくりかた

① 玉ねぎは薄切りにし、ウインナーは斜め切りにする。

② スパゲッティーはゆでておく。

③ フライパンにサラダ油を熱し①を炒めた後、トマトソースを加え塩、こしょうで味をつけ、②を加えて合わせる。

④ ③を盛りつけ、子ども用には粉チーズを、大人用には粉チーズとタバスコをふる。

アレンジ 冷蔵庫の残りものを使って1品！ 2

ピザトースト

ざいりょう

大人②人 ＋ 子供①人

- 食パン（8枚切り）… 3枚
- 玉ねぎ………………… 1/6個
- ピーマン……………… 1個
- ロースハム………… 2枚
- トマトソース……… 1/2カップ
- バター（室温）……… 大さじ1
- ピザ用チーズ……… 1/4カップ

つくりかた

1. トマトソースは少し煮詰めて水分をとばしておく。
2. 食パンは2等分に切って、1/2枚はさらに2等分にし、バターを塗っておく。
3. 玉ねぎとピーマン、ロースハムは細切りにしておく。
4. ②に①のトマトソースを塗って③をのせ、ピザ用チーズを散らしてトースターで焼いて完成！

アレンジ ごはんがあればすぐできちゃう！ 3

残りごはんのトマトリゾット

ざいりょう

大人②人 ＋ 子供①人

- 残りごはん…………… 2カップ分
- 玉ねぎ………………… 1/4個
- ベーコン……………… 2枚
- A
  - 固形スープの素 … 1個
  - 水………………… 4カップ
  - トマトソース …… 1/2カップ
- オリーブ油…………… 大さじ1

つくりかた

1. 玉ねぎはみじん切りにし、ベーコンは細切りにする。
2. フライパンにオリーブ油を熱し、①を炒めたらⒶと残りごはんを加える。
3. ②が沸騰したらアクをとりのぞき、中火で7～8分時々混ぜながら煮れば完成！

ベース 3

ひき肉そぼろ

保存期間

冷凍 3週間

冷蔵 1〜2日

子どもが食べやすいひき肉をベース食材に合わせやすいので、どんな料理にも加えられる重宝保存食です！

ざいりょう 作りやすい分量

豚ひき肉……………250g

A
- 酒……………大さじ1
- しょう油……………大さじ1
- 砂糖……………大さじ1/2

つくりかた

1. 豚ひき肉とAをともに鍋に入れて合わせる。
2. 1を中火にかけ、割り箸3〜4本でかき混ぜながら、ポロポロになるまで加熱する。

活用ポイント

ひき肉が余ったら味をつけて保存！　毎日の献立を助ける名脇役になること間違いなしです。お肉は牛でも合いびきでもOK！

アレンジ 1

卵焼きにうまみをプラス！

そぼろ入り卵焼き

ざいりょう 大人②人 ＋ 子供①人

ひき肉そぼろ………大さじ2
長ねぎ(みじん切り)…大さじ1
卵……………………2個
サラダ油……………小さじ1

1. ボウルに卵を割りほぐし、ひき肉そぼろと長ねぎみじん切りを加える。
2. 卵焼き器に薄くサラダ油を塗って熱し、1の1/4量を流し入れ、半熟状になったら手前にまとめる。
3. 2にサラダ油を塗りながら残りの卵を3度に分けて流し入れ、くるくると巻き、厚焼き卵をつくる。食べやすい大きさに切ってでき上がり！

アレンジ 2

実は簡単
大人用は
カレー風味に

そぼろとポテトの揚げギョウザ

ざいりょう

大人②人＋子供①人

- ひき肉そぼろ………½カップ
- じゃがいも…………1個
- 玉ねぎ(みじん切り)…大さじ1
- Ⓐ カレー粉………小さじ1
- Ⓐ 塩………………少々
- ギョウザの皮………8枚
- 揚げ油………………適量

つくりかた

1. じゃがいもはゆでてつぶす。
2. ①とひき肉そぼろ、玉ねぎと合わせ、4/5量にはⒶを加える。
3. ②の1/5量は子ども用としてギョウザの皮2枚に、4/5量は大人用として6枚に包んで、180度の油で揚げれば完成！

アレンジ 3

コクと
うまみの
サンドイッチ！

マヨそぼろのサンドイッチ

ざいりょう

大人②人＋子供①人

- サンドイッチ用パン…6枚
- Ⓐ ひき肉そぼろ……½カップ
- Ⓐ マヨネーズ………大さじ4
- きゅうり…………………½本
- バター…………………大さじ1
- マスタード……………少々

つくりかた

1. Ⓐを合わせておく。きゅうりは薄切りにする。
2. パンは半分に切り、1枚には子ども用としてバターのみを塗り、残りには大人用としてバターとマスタードを塗る。
3. ②にきゅうりとⒶをはさんで、食べやすい大きさに切れば完成！

ベース 3

鮭そぼろ

保存しづらいのが魚！
でも鮭そぼろを作って
冷蔵庫の常備品にすれば、
とっても使える素材に
ほどよい塩気がまた美味！

ざいりょう（作りやすい分量）

生鮭……………2切れ
酒………………大さじ2
白いりごま………小さじ2
塩………………小さじ¼

つくりかた

1. 生鮭は塩少々をまぶして耐熱皿にのせて酒をふり、ラップをして電子レンジで1分30秒（100g）かける
2. 1をほぐして鍋に入れ、水分をとばすようにから炒りし、白いりごまを加えてからめる。

活用ポイント

電子レンジで加熱してから炒りするだけだから、ホントに簡単！和えものに、サラダに、ごはんにと幅広く使えます。

保存期間
冷凍 3週間
冷蔵 1〜2日

アレンジ 1
3種類のバリエーションおにぎり

鮭そぼろにぎり

三角形おにぎり 子ども用

鮭ごはんベース……………………1単位
大根の葉
（ゆでたものみじん切り）………大さじ1
白きりごま…………………………小さじ1

丸形おにぎり 子ども用

鮭ごはんベース……1単位
かつお節…………大さじ1
黒すりごま………小さじ½

俵形おにぎり 大人用

鮭ごはんベース…………1単位
大葉………………………1枚
みょうが（みじん切り）…¼個分
しょうが（みじん切り）…小さじ¼

つくりかた

※鮭ごはんベース（1単位分）
ごはん（50g）と鮭そぼろ（大さじ1）を混ぜ合わせる。3種のおにぎりは、材料と鮭ごはんベースを合わせてにぎる。

アレンジ 2

和えるだけサラダ！

鮭そぼろとキャベツのマヨサラダ

ざいりょう

大人②人 ＋ 子供①人

- 鮭そぼろ……………………40g
- キャベツ……………………2・½枚
- A
  - マヨネーズ ………大さじ1
  - 生クリーム ………小さじ1
  - 塩 ……………………少々
- マスタード……………少々

つくりかた

① キャベツはゆでて1cm幅に切っておく。

② ①と鮭そぼろをAで和える。

③ 子ども用1/5量はそのまま、大人用4/5量にはマスタードを加えて合わせればでき上がり！

アレンジ 3

あと一品欲しいときの電子レンジ料理

ほうれん草の鮭そぼろ和え

ざいりょう

大人②人 ＋ 子供①人

- 鮭そぼろ……………………40g
- ほうれん草……………½束
- A
  - だし汁 ……………大さじ1・½
  - しょう油 …………小さじ1
- 卵…………………………1個

つくりかた

① ほうれん草はサッとゆでて4/5量は3cmに切り、1/5量は1cmに切る。

② 卵は深めのカップに割りほぐし、電子レンジで30秒かけて一度とり出して混ぜ、さらに20秒程度かけて炒り卵をつくる。

③ 4/5量と1/5量に分けた①、②を同様に分けたAで、それぞれ和えれば完成！

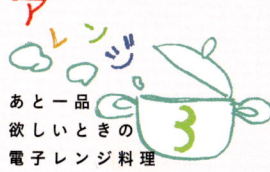

子育てマスター

園長先生に聞きました!

毎日多くの幼児期の子どもたちと接し、よりよい保育を追求する、横浜市青葉区の民間保育園『青葉保育園』村松美智子園長に、子どもと食についていろいろとお話しいただきました。

――園児たちに出す食事にはどういったことを意識されていますか?

気をつけているのは、いろいろな食材をまんべんなく献立にとり入れることです。特に家庭で登場回数が少ない、青魚や野菜の煮もの、そして健康食である和食を意識して出すようにしています。

――今あげられた食品は、子どもが苦手そうという印象ですが、園ではみんな食べていますか?

みんな大好きなんですよ。この保育園では0歳児から入園する子どもが大半です。そうすると離乳食の頃から偏りなく食材を出しますので、ある程度はみんな何でもいただけるようになります。逆に3歳頃から途中入園してくるお子さんは、苦手な食べものが比較的多いですね。大半の子が野菜全般を苦手とし、また給食で出されて初めていただく食材も多いみたいです。

――それだけ家庭では幼児食の内容が偏りがちなんですね。

お母さま方は、ご自身やお父さまが嫌いなものは食卓に出さない場合が多いようです。そうすると子どもは特定の食品をいただく機会が少なくなり、慣れないことで苦手意識を持ってしまいます。大人の食生活に子どもがつき合わされている場合も多いと思いますが、幼児期はあらゆることを吸収し、身につける時期。子どもにとっていい食環境を整えてあげたいですね。

――好き嫌いとはどう向き合い、改善させるのが効果的でしょうか?

保育園のように集団でいただく環境は、食事に関して親御さんたちが抱く多くの悩みを解決しやすいんですよ。同じ年代の子どもたちと一緒の食卓では、まわりの行動を見て自分も行動します。「みんながお魚食べているから食べなきゃ」と影響されます。職員に促される前に、お友だちから学ぶのですね。

一緒にスプーンを使う、一緒に箸を持つ、一緒に苦手なものをいただく、というように。集団で行動する素晴らしさは、非常にたくさんの刺激があることです。もちろん苦手なものがいただけたら褒めてあげることも大切ですね。園では子どもが嫌いなものをひと口でも食べたら、「わ〜すごい!」とお友だちから拍手がもらえたり、先生たちから「えらかったね」と褒めてもらえます。褒めてもらえればやはり嬉しいですから、好きになるかは別として、またいただいてみようと頑張るのです。子どもの食生活で一番よくないのは、親が無関心ということです。ひとり食べはその代表で、親は席につかず、何をどんなふうにいただいているのか、知らない状態。

――それは食育という観点からもよくありませんよね。

食事自体が楽しめないだけでなく、食に対する興味もわきません。園では食育の一貫で小さな畑で野菜を作っています。子どもたちに収穫してもらい、その野菜がどんなふうに調理されるのか、一連の流れを見せています。そして作る側の調理士や栄養士も、子どもたちとコミュニケーションをとりながら、どんなふうにいただいたのかを確認します。野菜作りや調理場面、作る人と接することで子どもは食を学んでいます。たとえ苦手でも「このサラダにはみんなが作ったピーマンが入っています」というと、子どもは大切に育ててきた野菜に感謝の心を持って嬉しそうにいただきますよ。

――最後にママさんたちに向けてメッセージをお願いします!

食事で一番大切なのは家族一緒にいただくこと。いくらおいしくて栄養満点の料理が作れるお母さまでも、食卓に不在では意味がないんです。たくさんお話をして、楽しい食事をいただけるとよいと思います。

第6章

症状別に適した食事を
具合が悪いときレシピ

子どもの調子が思わしくないとき、
何を食べさせたらいい？
そんなときに役立つのが
本章の症状別レシピ。
体調を悪化させず、回復に向わせる
体に優しいごはんを、
パパやママの愛情でよりおいしく、
温かく作ってあげてください。

のどを
通りやすい
食感に

熱があるとき

とろとろヨーグルト

りんごの甘味とヨーグルトの酸味が
ほどよいバランス！
とろとろの舌触りは食欲がないときに最適です

ざいりょう

作りやすい分量

りんご……………1/4個
砂糖………………大さじ2
ゼラチン…………5g
Ⓐ 牛乳…………150cc
Ⓐ ヨーグルト…1/4カップ
Ⓐ はちみつ……大さじ2

＊1歳さんにははちみつを加えずに作ってあげてください。

つくりかた

2〜3さい

1. りんごは皮をむき角切りにして砂糖をまぶし、水分が出てきたら電子レンジに2分かけてつぶす。
2. ゼラチンは大さじ2の水（分量外）を加え、しめらせておく。
3. ボウルにⒶを入れて混ぜた後、電子レンジにかけて溶かした②と、①を加えて冷やせばでき上がり。

mama's point

熱があるときは食欲がないもの。しかし食べなくては、回復もできません。口当たりがよく、さらっといただけるメニューで少しでも栄養補給を。熱でほてった体には、ヨーグルトのほどよい冷たさが食べやすいはず。

ママの作る
あったか
にゅうめんは
栄養満点

熱があるとき

にゅうめん

ツルツルと食べられる麺類は、
食欲のないときに最適
病気のときはかむ力も弱いので具材は細かく！

ざいりょう

作りやすい分量

- そうめん……………… ½束
- 鶏ささ身……………… ½本
- ほうれん草………… ½株
- にんじん…………… 10g
- 卵 ……………………… ½個
- Ⓐ だし汁 ………… 1カップ
- Ⓐ 薄口しょう油 … 小さじ1

mama's point

熱があるときは水分補給が必要なので、汁ものはとてもおすすめです。そうめんは麺が細く、のど越しがよいので無理せず食べられます。子どもが食べられそうならば、具材を増やして、さらに栄養あるにゅうめんに。

つくりかた

2～3さい

1. 鶏ささ身は細切りにし、熱湯をかけておく。ほうれん草はサッとゆでて1cmに切る。にんじんは千切りする。そうめんはゆでておく。
2. 鍋にⒶとにんじんを入れて加熱し、沸騰後1分煮て、鶏ささ身を加えサッと煮る。
3. ②にほうれん草と溶き卵を入れて、かき玉汁をつくる。
4. ③にゆでたそうめんを加えて完成。

おかゆ

消化のよい食べものが一番！
おかゆはやわらかくてお米の栄養も溶け出た、
最高の回復食です

お腹の調子が悪いとき

おかゆは
お米の味の
優しさを
感じられる

つくりかた

2～3さい

1 米は洗って水5カップ（分量外）を加えて、1時間おく。

2 1を強火にかけて沸騰後、中火で2分煮た後、ごく弱火にして30分かき混ぜないで炊く。

3 炊き上がったおかゆに塩少々を加えて混ぜ、器に入れてすりごま、たたき梅干し、かつお節などをお好みでのせれば完成。

ざいりょう

作りやすい分量

米……………… 1合
塩……………… 少々
すりごま、たたき梅干し、
かつお節……… 適宜

＊離乳食にもおすすめです。

mama's point

お腹の調子が悪いときは無理をせず、やわらかいおかゆを食べさせて様子を見ましょう。下痢で失われる水分補給のためにも、最初は10倍がゆがおすすめです。その後、徐々にかためのおかゆにシフトしていきましょう。

消化がよく栄養あるメニュー！

お腹の調子が悪いとき

白身魚すり流し

すり流しは具材のうま味が汁となって味わえる口当たりよいメニューお腹が回復しつつある状態のときにどうぞ

ざいりょう

作りやすい分量

- 白身魚（タラなど）…………¼切れ
- 絹豆腐…………………⅛丁
- Ⓐ だし汁…………1カップ
- Ⓐ 薄口しょう油…小さじ¼
- 水溶き片栗粉………適量

＊離乳食にもおすすめ！

つくりかた

2〜3さい

1. 白身魚は皮と骨をとりのぞき、熱湯をかけておく。
2. 鍋にⒶとザルに入れた①を入れて、沸騰後アクをとりのぞく。
3. ②のザルに豆腐を入れて、魚とともにつぶしてザルから鍋にもどす。
4. ③を温め水溶き片栗粉でとろみをつける。

mama's point

下痢が治ってきたら、ごはんは負担のない白身魚や豆腐のすり流しから始めましょう。食べやすいだけでなく、消化のよさもポイント。魚と豆腐の形は見えなくとも、栄養は余すとことなくたっぷり溶け出しています。

甘くて
やわらかくて
おいしい
煮もの

便秘のとき

りんごとさつまいもの甘煮

子どもが大好きなスウィートなコンビ
食物繊維がたっぷりな食材2つで作った、
便秘じゃなくても食べたいおいし〜い一品！

つくりかた

2〜3さい

1. りんごは皮つきのまま1cm厚のいちょう切りにし、はちみつをからめておく。さつまいもは2cm厚のいちょう切りにし、水にさらす。

2. 鍋にさつまいもとヒタヒタの水を加えてかためにゆでた後、りんごもはちみつとともに加え、やわらかくなるまで煮れば完成。

ざいりょう

作りやすい分量

りんご………………… ½個
さつまいも ………… 100g
はちみつ…………… 大さじ3

＊1歳さんにははちみつを加えずに作ってあげてください。

mama's point

便秘になると子どもは不機嫌になりがちです。気持ちの悪さを早く解消してあげるためには、食物繊維の多いさつまいもや整腸作用のあるペクチンが含まれるりんごがおすすめ。食べやすい甘煮にしてあげましょう。

さらさら飲める
うま味凝縮スープ

便秘のとき

じゃがいものみるくポタージュ

じゃがいもたっぷりなスープでお腹を刺激
栄養も満点のクリーミーな味わいです
保存食レシピのホワイトソースが活用できます

つくりかた

2~3さい

1. Ⓐの材料は全て1cm位に細かく切る。
2. 鍋にサラダ油を熱し①を炒めたら、水1・1/2カップ（分量外）とⒷを加えてやわらかくなるまで煮る。
3. ②にⒸを加えて混ぜたら、1cmに切ったゆでほうれん草を加えて合わせ、とろみが足りなければ水溶き片栗粉でとろみをつけて完成。

ざいりょう

作りやすい分量

Ⓐ	鶏むね肉	50g
Ⓐ	じゃがいも	1個
Ⓐ	玉ねぎ	1/4個
Ⓐ	にんじん	3cm
	サラダ油	小さじ1
Ⓑ	固形スープの素	1/4個
Ⓑ	塩	少々
Ⓒ	ホワイトソース	1カップ
Ⓒ	牛乳	1/2カップ
	ゆでたほうれん草	1株
	水溶き片栗粉	適宜

mama's point

あまり印象がないかもしれませんが、じゃがいもは食物繊維の豊富な野菜。いろいろな調理が可能な野菜なので便秘気味の子どもには日常的に食べさせるとよいでしょう。水溶性の食物繊維を含むのでスープにするのはおすすめです。

幼児食を彩るアイテムと飾り切り

子どもは料理の見た目によって、食欲や興味が出るもの。
型抜きやピックなどのアイテム、
食材の飾り切りなどをほどこせば、
目をキラキラさせてごはんを食べてくれるはずです！

型抜き&ピック

型抜きは手軽にでき、型も豊富なバリエーションが販売されているので、いろいろなパターンが楽しめるアイテム。動物や乗りもの、キャラクターなど、子どもの好みに合わせてそろえてみてください。ごはんがなかなかすすまない子には、型抜きしてお茶碗で食べるごはんとは違う形で出してみると効果的です。色味のある野菜などを型抜きして料理の仕上げに飾れば、それだけでもずいぶん印象が変わります。型抜きは型の内側に水をつけて抜くのがコツ。

ピックは指すだけでアクセントとなり、食べやすさもプラスされるので、普段の食事だけでなくお弁当にももってこい！

くまさんごはんができるまで

1

型抜きはコレ

2

耳はにんじんを包丁で切って作ります。目と鼻はピーマンで型抜きし、口まわりはチーズを包丁で切って作ります。

3

ごはんを型抜きし顔の輪郭を作り、それぞれのパーツをのせれば完成！

小分けカップとミニボトル

お弁当に欠かせない小分けカップは、アルミ製だけではありません。色も柄も遊び心のある製品が種類豊富に販売されています。食材の色味にはあまりない鮮やかなピンクや黄色などは見た目をぐんと華やかにしてくれます。おかずが手抜きでも、小分けカップの効果で見栄えのいいお弁当に仕上がるかも？　シリコンタイプのカップは洗って何度も使用が可能。そのまま電子レンジにかけることができるのも嬉しい点です。

ミニボトルも同様、形にこったタイプがたくさん出ています。しょう油やソースをつけるときには是非活用したいアイテムです。

行事食の演出

子どもに季節感や文化を教える上でも大切な行事食。献立以外にも、飾りやちょっとした工夫で雰囲気を出せば、さらに楽しい食事となるはずです。食卓の上に行事を象徴するような人アイテムを置いてみたりとテーブルセッティングをこだわるのもいいでしょう。ポイントは子どもにいつもとは違うという印象を与えることです。気分も高まり、食事のおいしさもアップするはずです。

P106のお正月食では、フォークや箸を簡単に飾ってお祝い感を演出しています。

つくりかた

フォークと折り紙2枚、水引（市販されています）を用意し、フォークに折り紙を2枚ずらして巻き、水引をはめるだけ。

ラディッシュ

きのこ

1 ラディッシュの葉をとって、葉の根元側から1/3の部分に包丁を入れる。中央の軸になる部分が残るよう一周切り込みを入れたら、上から刃を入れて余分な部分を切り落とす。

2 きのこの傘となる部分を包丁やストローで丸くくり抜き、模様をつける。ストローを使うときは一度差し込んだら、支点をそのままにしてストローをぐるりとまわすと簡単。

デイジー

ラディッシュは葉をとりまな板の上において、割り箸をラディッシュを前後に挟むように置く。包丁で真上から縦横に細かく切り込みを入れる。塩水にひたしてしんなりさせたら、水気を切って指で切り込みを押して花びらを開かせる。

ウインナー

たこ

一方の端を少し切り落とし、切り込みを入れて8本の足を作る。油で揚げるか、炒めて足を開かせて、のりではちまきを、黒ごまで目を作る。

花

ウインナーを横にし、その状態に対して垂直になるよう深めに切り込みをいくつか入れる。油で揚げるか炒めるかして、丸まったら中央にコーンの粒を入れる。

かに

縦に半分に切り、厚みを1/2にしたら両端に4本ずつ切り込みを入れて足を作る。中央には×印になるよう切り込みを入れ、油で揚げるか炒めて足を開かせ、黒ごまで目を作る。

ミニトマト

バスケット

ヘタをとり、ヘタ側を下にしてまな板におく。中央に取手部分を残すように、真上から1/2のところまで包丁を入れ、横からも切り込みを入れて余分な部分をとる。中身をくり抜いて空洞を作る。

ほおずき

へたをとり、ヘタの反対側のてっぺんに浅く十文字に切り込みを入れる。熱湯に1～2秒ひたし、皮がめくれてきたら氷水にとる。皮を全部とらないように注意しながらむく。

著者プロフィール

フルタニマサエ

料理研究家 食空間コーディネーター

和洋中の料理やお菓子をはじめ、シュガーデコレーション、マナー テーブルコーディネーションなど食文化の世界を幅広く学ぶ。大手企業などの料理教室、イベント、セミナーなどの講師を勤める傍ら、横浜市で「マダムマーサクッキングスタジオ」を主催。その他、食品会社のメニュー開発、TV、雑誌などでオリジナル料理を紹介するなど、幅広く活躍中。著書に「トマトのちから」「手作りバター＆チーズの本」(日東書院)など多数。

料理写真：信長江美

デザイン：CYCLE DESIGN

スタイリング：深川あさり

調理アシスタント：稲垣優子、蓬原 泉

栄養コメント及びカロリー計算：米澤須美（管理栄養士）、藤森明子（管理栄養士）、
白井由花（栄養士）

取材協力：青葉保育園

編集制作：風工房（河合美和）

special thanks：中村晶仁くん、伊藤 日奈珠ちゃん、濱嶋真未ちゃん、藤尾玲愛ちゃん、
戸谷 みなみちゃん、伊藤 蓮くん、伊藤 葵ちゃん、賢蔵くん、礼愛ちゃん

参考文献：「最新 こどもごはん大百科」「ぱくぱく! こどもごはん」（株式会社ベネッセコーポレーション）
「これで安心 幼児食大事典」（成美堂出版）
「好き嫌いをなくす幼児食」（女子栄養大学出版部）
「日本人の食事摂取基準 2005年度版」（第一出版株式会社）
「小児栄養 子どもの栄養と食生活」（医歯薬出版株式会社）

おとなごはんと一緒に作るこどもごはん

2009年11月15日 初版第1刷発行
2012年2月10日 初版第7刷発行

著者 フルタニマサエ

発行者 穂谷竹俊

発行所 株式会社 日東書院本社

〒160-0022 東京都新宿区新宿2丁目15番14号 辰巳ビル

TEL：03-5360-7522(代表) FAX：03-5360-8951(販売部)

振替：00180-0-705733 URL：http://www.TG-NET.co.jp

印刷所・製本所 株式会社 公栄社

ISBN978-4-528-01981-2 C2077